正統鹿耳門聖母廟

土城香・鹿耳門媽香・五府千歲醮

謝奇峰、吳明勳／著

推薦序

民間信仰歷史的書寫典範

　　如果歷史的發展有一種軌跡的話，這會是什麼？Hegel的講法，世界歷史是精神在時間中自身發展的過程。精神是人類共有的單一精神，表現為人們透過語言、心靈、文化所創造的一切。歷史是精神自我發展的歷程，也是世界走向自我意識的過程。歷史的目標就是精神的充分發展和充分的自我意識。這個充分的自我意識，也就是自由意識，它是宇宙發展的頂點。歷史就是我們的理性潛能逐漸實現為自由的過程，歷史是一個理性自由的故事。

　　的確，人類歷史有其理性之光，但是一個繁衍茂盛的村莊與城鎮，何嘗沒有它的歷史理性呢？屬於臺南市安南區的土城，就是這樣一個最具有代表性的典型。土城仔的位置，原為臺江內海的一部分，道光3年（1823）曾文溪大改道之後，內海淤積形成浮陸。1823年到1860年之間，郭黃兩姓前來開墾，逐漸形成了一個大型聚落。這個聚落所在的位置，又與過去存在，而後被洪水沖走的媽祖廟間有著剪不斷理還亂的關係。

　　日大正2年（1913）海邊一艘奉有五府千歲的漂流王船漂至土城仔，五府千歲開始為當地所供奉。1918年，土城仔將五府千歲與媽祖聯合供奉。1856年西港刈香由至姑媽宮請水改至北汕尾媽祖宮請水，但1874年時媽祖宮已又被洪水沖走，西港刈香改為至鹿耳門溪邊請水，沿路會經過土城區，這乃開啟了土城庄頭參與西港刈香的契機。到了1934年後，又改成至土城鹿耳門聖母廟請媽祖，這乃大大改變了西港刈香的內部結構，可以說是一種雙元合作的刈香模式，只是維持沒有太久，1958年，以媽祖建醮神尊位置安排的問題為導火線，雙元破裂。1961年起土城仔既模仿又競爭

的，創造了自己的刈香活動。它並極力擴展，經由宣稱「他們是國姓爺建立在登陸地點海灘之開基媽祖廟之唯一正當的繼承者」，而開始也更與官方的意識型態間相互呼應與增強。

相對應於信仰型態，在經濟層面，它的由浮陸到農業大鎮到市區邊沿，到璀璨的文化瑰寶，則又是另一個故事。1900年代初期，土城仔已由邊緣聚落而進入了「標準化城鎮」(standard market towns)的規模，人口可能已達於數千人。它的市場活動，提供了周邊依賴區域之貨物交換的市場，也是農產品和手工藝品往更上一級的市場系統流動的起點，和農民消費物品進口至此而向下流動的終點。1946年土城仔併入臺南市，新區名取安順與臺南之意，合稱為安南，它成為了都會區的邊緣之地。再之後就是1980年代以後，回應民族國家與都市化的發展，大型迎神賽會成為國家動員民族情感過程裡的不可或缺的基礎，土城仔再度成為中產階級懷舊與國家建立愛鄉情懷的發展基地。

就儀式活動的發展上，土城仔是一個自覺性與主動性都非常鮮明的一個聚落。聚落由無到有，宗教儀式的規模也益發完備，這正是民間社會的「歷史理性」包括：

一 獻供關係維繫下的人神關係，沒有最完備，只有更完備（建醮、遶境王府科儀絕不可少，也絕不怠慢）。

二 超自然的超越性沒有最超越，只有更超越（媽祖和五府千歲形象的想像愈來愈為崇高，王爺迎請的過程愈來愈為神秘）。

三 循環性的時間節奏構成為傳統（三年一科絕不可省）。

四 外聘儀式專家不可或缺，但他們僅是受雇者，而協助於前三項達成嚴謹而無錯誤的狀態。

㈤ 內部均質的多角頭的分工，形成為永續性的組織基礎。每一個角頭內部也形成為光榮的傳統，有各種物質性的資料來證明這些榮光。

㈥ 總結前五項，反映為充滿宇宙生機性的社區秩序，人神共歡，轉禍為福，並適應於現代多變的社會。

㈦ 不是必然，但是經常，整個地方活力背後社會關係性的基礎，往往是來自競爭而不是合作（如與西港刈香的競爭）。

　　土城仔的故事，讓我們看到了這個「歷史理性」由無到有到極其完備化的過程與內容，但因為它起自曾文溪改道，也屢受曾文溪水氾濫之苦，早期文物與歷史保存殊為不易，各姓氏宗族裡的人物或是宗教遺跡，有的僅在傳說中，有的則是後人出於特定目的而有所想像。謝奇峰與吳明勳長期參與臺灣各類廟會，深入民間，俱為民俗活動溯源與探索之老手，著作等身，屢有佳作。這一次，兩位作者上窮碧落下黃泉，甚至找出族譜，一頁一頁對照，將各角頭內部的家族源流予以釐清，有不少讓人恍然大悟的傑作。這也帶來了土城仔歷史與風俗文化的一次最豪華的饗宴。而廟方主委王增榮有此遠見，提倡地方文史，重視地方文化紀錄，發想了這本書的誕生，這更是讓人佩服。

　　值此新書出版之際，個人也抒發淺見，樂為本書推薦。我們也期待這本見證土城地方史與香醮專書的出版，再添傳奇，不僅創造出地方書寫的典範，也將激發出當地更為長遠且堅實的凝聚力。

中央研究院民族所研究員兼副所長

丁仁傑

寫於臺北南港　2024.09.06

作者序

媽祖情・弟子心

2023年1月開始受到正統鹿耳門聖母廟第13屆王增榮主委的聘請，前來土城仔幫忙聖母廟做文化推廣與地方記錄的工作，王主委非常重視地方的扎根，借重筆者的專長，來規劃土城仔導覽解說、舉辦文史營、舉辦研討會、廟方故事集來出版傳世，將在地文化靠紀錄保存下來。

土城仔的聚落是以鹿耳門聖母廟為中心點，原始祭祀圈以五角頭庄（土城仔庄、虎尾寮庄、郭份寮庄、中州角庄、蚵寮庄）為中心，後稱為土城角、虎尾寮角、郭岑寮角、中州角、蚵寮角，再加上中間鄭仔寮庄、最西邊的港仔西庄，再加上青草崙庄合為八角頭，後來又有砂崙腳、十份塭、溪埔仔等地的出現，合為現在的十一角頭，涵蓋有七個里（城東里、城北里、城南里、城中里、城西里、青草里、砂崙里、學東里）。

鹿耳門位於臺疆之門，清初康雍乾時代是與廈門船運對渡的唯一正口，[1] 隨著乾隆年間商業的活絡，乾隆43年（1778）後臺南三郊（北郊蘇萬利、南郊金永順、糖郊李勝興）崛起，進入臺灣開墾與貿易的商民倍增，臺江內海大規模淤積陸化，在乾隆、嘉慶之際（18世紀末）已經發生，[2] 土

---

1 乾隆49年（1784）才開放鹿港為第二個正口。
2 李文良（2019），〈積泥成埔：清代臺江內海「港口濕地」的築塭與認墾〉，《臺灣史研究》，第26卷第3期。

城地區屬二次移民的社會，筆者梳理各角頭的移民史，從其族譜中發現，土城郭岑寮其土城開基祖郭文鎮（1784〜1824）若在30歲來到鹿耳門，是在嘉慶19年（1814），那時的臺江內海是尚未「一夕之間」大範圍的浮覆起來，道光3年（1823）後，臺江內海陸浮，鹿耳門沙洲則變為大片陸地，也吸引了曾文溪以北，西南沿海東石、布袋、北門、學甲、將軍、佳里、西港、七股的居民陸續到此墾荒。如土城角的三郊管理人郭光潘（1798〜1878）、虎尾寮角的蔡自香（1759〜1775）、中州角的陳里（1817〜1888）、鄭仔寮角的鄭強（1813〜1890）、陳摻（1823〜1898）等，他們都是在清代就居住在鹿耳門嶼的人，傳衍後代至今，「鹿耳門」和「塗城」、「土城」不過是同體的異名而已。

在聖母廟一年半的時間，以府城人的視角看見土城各角頭信眾對五王、媽祖、佛祖的虔誠信仰，2024年有幸能全程參與甲辰科「土城仔香」正統鹿耳門聖母廟禳災祈安香醮大典的觀察與記錄，從籌備香醮辦公室成立開始，以公開、透明的儀式來杯選出道長、手轎腳、置天案五大會首名單、杯選出五大會首、媽祖訂出日課表、展開香醮訪宮、造王府、王船清艙、豎燈篙、陣頭開館、王船神明開光、過油、媽祖換新襖、王船取水、王船出塢、三郊請佛鑑醮、醮事起鼓……可說是千頭萬緒，都靠著大家同心協力，一步一步共同來幫媽祖完成聖事。

2024年也幫土城仔在庄的三陣武陣（虎尾寮伍聖宮宋江陣、郭岑寮聖岑宮金獅陣、青草崙紫金宮百足真人蜈蚣陣）提報無形文化資產，由各角頭子弟自組發起團練組陣，隨駕擔任開路先鋒，善盡角頭應盡的職責，反映出地方族群的凝聚團結與對聖母廟的宗教信仰向心力，在臺灣社會少子化愈來愈嚴重之下，愈顯珍貴，目前文資處已列冊追蹤。

今天《正統鹿耳門聖母廟——土城香：鹿耳門媽香・五府千歲醮》一書能夠付梓，一路走來要感謝的人真的很多！分別有：

一　第13屆王增榮主委、蔡瑞源總幹事、陸昕慈的支持。

二　各角頭的訪查有監委鄭瑞民（美國仔）熱心的帶路。

三　郭智輝副主委的邀請，跟隨他們一起回福建晉江東石郭岑村參加郭氏宗族安座三周年慶，了解汾陽傳衍的郭氏移民社會脈絡。

四　土城虎尾寮四房蔡瑞祥（南清宮蔡姑娘副主委），做有詳細的虎尾寮西霞蔡氏五房宗譜，跟隨這脈回福建晉江東石西霞原鄉記錄，並至溫王宮看主神溫王爺的原型。

五　中研院民族所研究員兼副所長丁仁傑老師提供西港大竹林郭氏族譜。

六　香醮期間副總幹事陳壽享、王府正案吳國山、副案蔡清籟的協助。

七　還有此書一起共筆的吳明勳老師，幫忙書寫五府千歲醮。

此書若有不足之處，還請包涵，尚祈方家識者指教。

2024.08.26

作者序
緣續土城香

　　土城正統鹿耳門聖母廟是我過年走春必去的廟宇之一,其除了春節期間眾多的的祈福儀式與元宵的燦爛煙花之外,每逢丑、辰、未、戌年3年舉辦一次的土城香醮,也是名聞遐邇的民俗廟會活動。從2003年起,筆者開始對臺南地區的王醮與廟會民俗,展開一系列的觀察記錄,香境跨越曾文溪南北的土城香,自然也是調查記錄的重點。

　　土城香是南瀛五大香之一,是鹿耳門媽香與五府千歲醮合一的香醮民俗廟會,相對於鹿耳門媽熱鬧出巡的媽祖香,或許是王府與鑑醮場的封閉森嚴,使得同時於鹿耳門聖母廟舉行的五府千歲醮,顯得較少受到注意,故多年前筆者曾於一篇期刊文章中提到,土城香醮的醮典是王醮時,即被審稿的委員認為是錯誤的,然五府千歲醮所啟建的「禳災祈安醮典」即是俗稱的王醮,只不過土城香有其特殊的逐瘟方式,而非以王醮常見的送王船的方式。

　　2015年,臺南市文資處準備為土城香出版專書,在好友周宗楊的邀請下,前來正統鹿耳門聖母廟,對土城香的醮典儀式做了近距離的田野調查記錄,並於2016年付梓出版《鹿耳門聖母廟土城仔香》一書,成為第一本書寫土城香的專書,此書在有限田調時間與書籍篇幅下,難免遺漏不夠全

面周全。2024年，鹿耳門聖母廟廟方要出版屬於自己的土城香專書，於是在謝奇峰老師的邀請下，與土城香再續緣份，參與書籍的寫作。土城香是香醮合一盛大的祭典，有著眾多民俗文化觀察點，例如儀式、香境、陣頭等等；此次謝奇峰老師，從土城角頭文化歷史到香境的演變，以不同的視角做為觀察，而筆者也借此機會，在廟方相關人員的協助下，針對香醮儀式多年紀錄做了增修調整，帶來不同的土城香面向，期望此《正統鹿耳門聖母廟──土城香：鹿耳門媽香・五府千歲醮》一書的出版，除為甲辰科土城香醮留下紀錄外，也能讓土城香的文史資料更為充實而完整，對土城香的文化傳承有所貢獻。

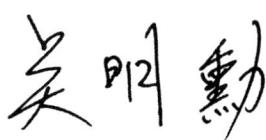

2024.08.30

目次

推薦序：民間信仰歷史的書寫典範 ◎ 丁仁傑
（中央研究院民族所研究員兼副所長）2
作者序：媽祖情・子弟心 ◎ 謝奇峰 5
作者序：緣續土城香 ◎ 吳明勳 8

壹　土城仔香的歷史發展　12
Ⅰ・「鹿耳門嶼」即「土城」時序梳理　18
Ⅱ・聖母廟的轄境：七里十一角頭　36

貳　香醮前的準備工作與儀式　82
Ⅰ・醮前準備工作　84
Ⅱ・香醮訪宮與請佛　91
Ⅲ・三郊請佛鑑醮　95

參　鹿耳門媽香　98
Ⅰ・陣頭文化與儀式　100
Ⅱ・鹿耳門媽出巡遶境　116

肆　五府千歲醮　132
Ⅰ・王船儀式　135
Ⅱ・禳熒祈安送火王　145
Ⅲ・請王大典　150
Ⅳ・王府行儀　154
Ⅴ・三朝禳災祈安醮　167

伍　土城仔香的民俗特色　196

參考書目及網站　206

壹

土城仔香的歷史發展

從「西港刈香」到「土城香科」

說到土城香（鹿耳門媽香）要先從西港玉勅慶安宮的「西港刈香」談起。

西港慶安宮三年為一科的王醮，有臺灣第一香的美名，為國定民俗「西港刈香」，循例會來鹿耳門謁祖進香刈火後，[1]才開始遶境；自咸豐6年（1856）起，開始前來古鹿耳門媽祖宮鹿耳門溪畔請水；[2]同治13年（1874），鹿耳門聖母廟為洪水湮毀，土城留有二尊聖母神像在地方輪流奉祀，此後每屆科醮，西港慶安宮除來舊廟遺址謁祖請水外，並至土城爐主處請火。

土城於大正7年（1918）迎請寄佛於海安宮的鹿耳門鎮殿大媽、佛祖眾神像回鑾土城安座，二建大廟時名「保安宮」，自第52科（1937年丁丑科）起，慶安宮改來保安宮恭請鹿耳門媽蒞臨主醮，並出巡遶境，為收香案，「鹿耳門媽香」於是形成。土城信眾逢香期，皆動員一二千人護駕媽祖，並自組陣頭參與遶境，其陣容的浩大，為西港仔香醮之大觀。

民國47年（1958）戊戌科醮，慶安宮執事別請朝天宮「北港媽」為主醮，仍依往例前來土城謁祖進香，恭請聖駕。時鹿耳門媽筊示不允前往，然信眾誤解其意，強行抬舉出巡大媽聖駕前去。俟第三天遶境收香案返慶安宮後，鹿耳門媽不肯入駕王府；經西港五大老跪請，聖母顯靈起駕，直衝入王府橫掃後，連夜返駕土城。事後，土城信眾知悉聖母大鬧之原因，甚不諒解，仍停

止與西港慶安宮的往來。

土城正統鹿耳門聖母廟自民國47年與西港慶安宮斷香後，土城信眾於民國48年，鹿耳門媽置天案向上蒼領「出巡16寮」的玉旨，並擲出主壇老師為海尾朝皇宮保生大帝，鹿耳門天上聖母暨代天巡狩自民國48至50年連續三年出香巡視安南區16寮，展開遶境巡安祈福，後於民國50年歲次辛丑，適逢擴大慶祝民族英雄

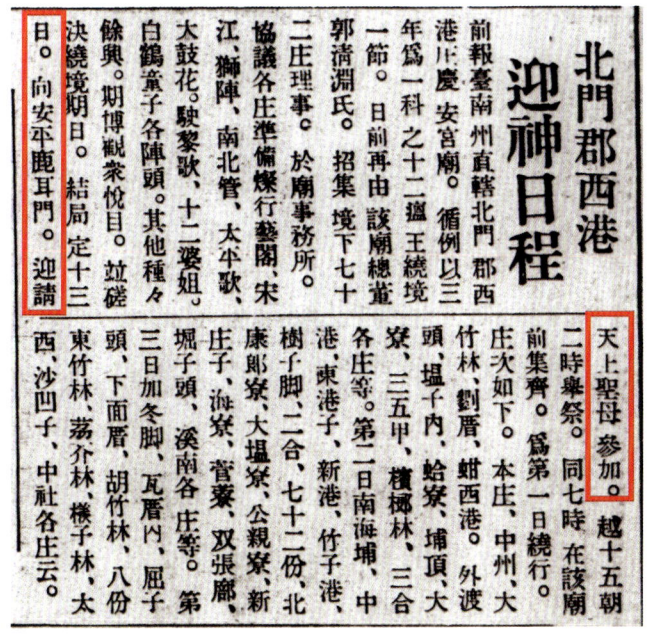

昭和9年（1934）5月15日西港香報導

---

1 西港慶安宮清末光緒年間醮事簿留有「慶安宮敕封天上聖母擇於○月○日往鹿耳門謁祖進香合境平安」香條樣式。資料來源：謝國興編，《西港仔刈香》，頁9。
2 吳應民編輯（2003），《西港玉勅慶安宮香科醮典指南》，頁19。

鄭成功復臺三百年紀念，自行啟建首科的「鹿耳門媽香，五府千歲醮」，當時的報紙都有大幅的報導，陣容浩大，非常熱鬧，展現了土城人對五王、媽祖的堅定信仰與團結。

「鹿耳門媽香」在西港香科自1937年丁丑科，迄1958年戊戌科，在西港香前後共舉行七科（第52科至59科，第54科因戰火停辦），再續土城香自己的香科，從1937年丁丑科至今2024年甲辰科也有87年的歷史之久，鹿耳門媽撫慰了曾文溪上下游流域之信眾心靈，深入人心，源遠流長。

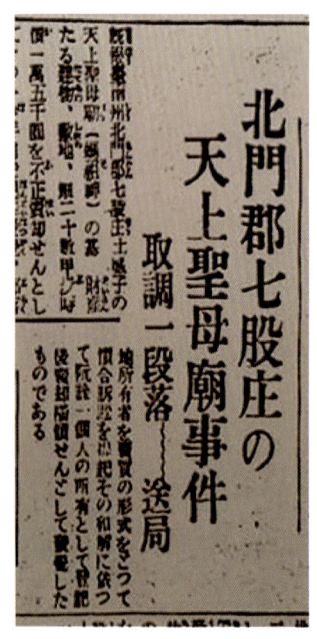

昭和12年（1937）8月27日土城子「天上聖母廟」報導

民國50年（1961）4月22日中華日報報導土城香啟建首科

土城仔香：臺南民俗文化資產

「鹿耳門聖母廟土城仔香」於2013年被臺南市政府登錄為民俗類文化資產，登錄理由：

① 與往昔移民及信仰發展史有密切關聯性，原為西港刈香之一員，後斷香自行刈香，從民國50年迄今未曾間斷，深具傳統性。

② 香陣和儀程大抵是西港刈香的翻版，60多年來自行刈香已完全在地化，具有強烈民俗特色，為曾文溪南北兩岸出海口之大廟會。

③ 三年一科，具傳統信仰之特色。結合地方發展，由王爺、媽祖信仰發展而出，以王醮為主，具歷史意義與地方特色。

④ 武陣有6陣和蜈蚣陣，形成在地特色，具有文化性和藝術性，足與其他四香科媲美，已屬成熟之信仰活動。

⑤ 活動內容整合多個村落相關民俗團體，共同營造頗具豐富性，屬有歷史、有特殊性的民俗活動。結合地方信仰與陣頭，形成龐大壯觀的香科，有凝聚地方功能，具示範作用。

I

「鹿耳門嶼」即「土城」時序梳理

說到土城一定要先談到其前身「鹿耳門嶼」，筆者依歷史的發展時序與土城各角頭移民史的族譜記載，來反推並進行以下的梳理考證。

▌1640 地圖首提鹿耳門

1640 年，荷蘭人在熱蘭遮城竣工後繪製之大員海圖，標記「Lakjemuyse」之文字，可視為最早提及「鹿耳門」之名的地圖。

▌1643 文獻首見鹿耳門

1643 年 3 月 23 日的《熱蘭遮城日記》中也首次以文字提及「鹿耳門」之名，內文寫道：

> ……視察海堡（Redout Zeeburch）和鹿耳門（Lacquymoy），看到鹿耳門與加老灣（Callewangh）之間那塊沙洲……。

■ 1652鹿耳門小村

根據土城當地耆老蔡奇蘭考證的說法：

> 認為1652年繪製的漢譯十七世紀安平圖，內有「鹿耳門小村」即是土城也。「土城」是荷蘭駐屯臺灣時，為監視古鹿耳門港出入船舶，而築一座土牆，形似城堡，因築城材料全為泥土，故得「土城」二字。[3]

■ 1661鄭成功鹿耳門登臺

1661年4月，鄭成功的戶官楊英在《從征實錄》中描述：

> 四月初一日黎明，藩坐駕船即至臺灣外沙線，各船魚貫絡繹亦至。辰時天亮，即到鹿耳門線外。本藩隨下小哨，繇由鹿耳門先登岸，踏勘營地。午後，大船齊進鹿耳門。[4]

---

[3] 蔡奇蘭（鹿耳門漁夫）(2015)，《土城子簡介》，頁1（未正式出版）。鹿耳門漁夫網站 https://www.luerhmenfisher.com/introitem_list.php?seriesid=17。
[4] 陸昕慈（2021），〈「古鹿耳門媽祖宮」至「正統鹿耳門聖母廟」媽祖信仰脈絡研究〉，國立臺南大學文化與自然資源學系臺灣文化碩士論文。

1664鹿耳門軍事防守地位

明永曆18年（1664），在《臺灣軍備圖》中的鹿耳門口南岸記有文字：「此地名北線尾，搭草屋數間，設官把守并盤詰來往船隻」，圖上並記有「小砲臺」三字。

可見當時鹿耳門已是海口的海防重地，其軍事防守地位非常重要。[5]

1684鹿耳門築城記載

康熙23年（1684），在杜臻的《澎湖臺灣紀略》中記述：「其近澳之口，曰鹿耳門，築城守之。」這是在文獻上第一次看到鹿耳門有築城的記載。

當時的鹿耳門港是福建廈門與臺灣對渡唯一合法的口岸，既是臺疆海關重地，船隻入出都必須有官府的掛號與查驗，為全臺最重要的進出口港。

1696鹿耳連帆

康熙35年（1696），在高拱乾的《臺灣府志》中，即載有鹿耳濱海春潮波濤洶湧之「鹿耳春潮」美景，入選臺灣八景。後有

《臺灣縣志》的「鹿耳連帆」圖，可見鹿耳門當時的港灣，是漁船連帆，並有文人張甫詩作：

> 鹿耳雄關障百金，晴帆連貫水中天；好風早晚東西使，送盡古今來往船。

1700年間鹿耳門建信仰中心

康熙年間，1684～1722年間完成之《臺灣地里圖》，以及1699～1704年間完成的《康熙臺灣輿圖》，兩地圖中就都繪有媽祖宮。《臺灣地里圖》標示「媽祖宮」，《康熙臺灣輿圖》則僅寫「媽宮」，可知在康熙中葉後期（1700年間），鹿耳門就建有媽祖廟，媽祖已為當地的信仰中心。

1720官方文獻正式記載媽祖廟

康熙59年（1720），王禮的《臺灣縣志・寺廟》中載道：

> 在鹿耳門，媽祖廟，康熙五十八年，各官捐俸同建。前殿祀媽祖、後殿祀觀音，各覆以亭。兩旁建僧舍六間，僧人居之，以奉香火。董其事者，經歷王士勤也。

---

5 呂瑞祥（2010），〈鹿耳門溪沿岸地方開發的歷史變遷〉，國立臺南大學臺灣文化研究所碩士論文，頁15。

這是官方文獻正式記載在鹿耳門有座媽祖廟，是建於康熙58年（1719）由各官員捐俸同建，已頗具規模，不僅有前後殿，兩旁還建有僧舍6間，並有佛教僧人在廟中服務，是當地的官民信仰中心。而鹿耳門地屬海關重地，建有：砲臺2座（康熙56年奉文築造），安砲10位。水師三營輪撥千總1員，守兵有300名，[6] 墩臺3座，望高樓1座。

▍1727 文武汛與天后宮

雍正時期，1727年的《臺灣附澎湖群島輿圖》則明確標示「鹿耳門港」，並注有：「港道迂迴下皆鐵板沙，兩旗為標，南礁白旗、北礁黑旗」，北線尾沙汕之北則設有文武雙汛，並設有砲15架。可見當時已派駐有兵力，設有文汛、武汛的官兵來管理查驗航運船隻與人員，並裝有15門保衛的砲架。文汛、武汛就是我們後稱的「文館」、「武館」，其位置在天后宮的左右。[7]

文武汛責司是掌理港口出入船舶的實地稽查，分有文汛口與武汛口。文口（文館）由文職的海防同知派員稽查商船出入之掛驗，徵收規金；武口（武館）由武職的總兵派任安平中、左、右三營游擊、千總分年按季輪流管理，[8] 水師營派兵查驗船隻，徵收規金，並嚴查犯法私漏等事。[9]

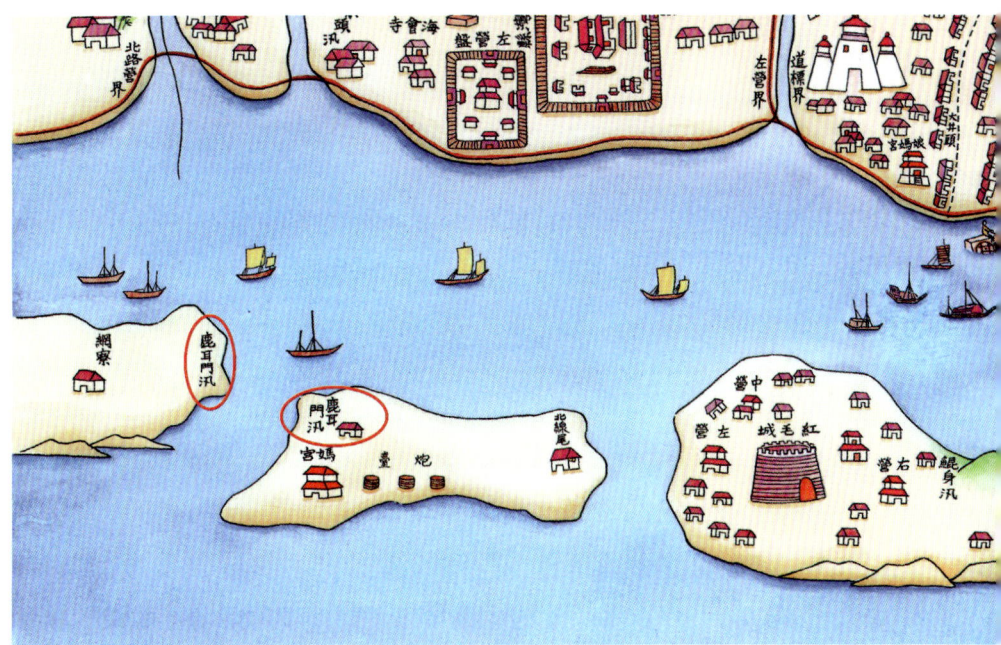

康熙末年臺灣府古圖──鹿耳門嶼與二個鹿耳門汛（臺南市文化協會提供）

▎1775新建鹿耳門公館

　　乾隆40年（1775），知府蔣元樞來臺履新時，發現鹿耳門當時的地景是相當簡陋的，連官員抵達能借宿的旅館都沒有，非常不方便，後來遂有新建鹿耳門公館之議。所以在其〈新建鹿耳門公館圖說〉：

6《臺灣縣志‧鹿耳門汛》記載：係水師三營官兵輪防：千把總一員，步戰守兵三百名。戰船五隻。

7 道光4年（1824）總兵觀喜所呈〈籌建鹿耳門炮臺〉：「然南線舊建天后宮已百餘年，其左右文武二館。」

8 臺灣史料集成編輯委員會，《明清臺灣檔案彙編》，第42冊，頁503。

9 顏清梅，〈由「示禁海口章程」論清乾隆時期臺灣的海口陋規〉，https://www.cyut.edu.tw/~ge/secPlan/plan4/t07.htm。

向來只設文、武二汛矮屋數間，為吏書、弁目稽查船只出入之所；多人抵口，並無旅舍可以借居。往來官僚，殊苦未便。

1778之後臺南三郊崛起

隨著乾隆年間商業的活絡，進入臺灣開墾與貿易的商民倍增，乾隆43年（1778）後，臺南三郊於府城商界崛起，「臺南三郊」這個進出口貿易商團於嘉慶元年（1795）創立，是由「北郊蘇萬利」、「南郊金永順」、「糖郊李勝興」三個府城的商業同業公會所組成。

由於鹿耳門是臺疆之門，與廈門船運對渡的唯一正口，臺灣其他沿海口岸一概禁止和大陸往來，僅能作為島內南北的運輸往來。當時每年至少有四、五百艘船隻，[10]隨著移民與商業往來，商賈輻輳，商業日益繁榮起來，來臺人口也與日俱增，每年也多大十數萬人，[11]鹿耳門也從原先是港道概念，在乾隆年間逐漸成為鹿耳門陸地之專有稱謂。[12]乾隆49年（1784），清廷後來也開放鹿港與泉州蚶江對渡，然而鹿港的開港足足晚了鹿耳門100年。乾隆59年（1794），則再開放八里坌與泔江、五虎門通航。

1804蔡牽攻入北汕寨

　　嘉慶15年（1810）所繪的《臺灣輿圖》地圖中，繪有嘉慶8年（1803）臺灣府知府慶保在鹿耳門島北側建有的「北汕寨」，並繪有左、中、右屋舍3座，由於北汕寨是建木城，此寨曾在嘉慶9年（1804）4月遭蔡牽集團攻入。[13]後北汕寨應在嘉慶9年已毀失無存，也導致後來有「北汕尾」的地名用字出現，不然早期都是以「北線尾」稱名。[14]筆者根據土城郭岑寮田調的族譜記載，推測其土城開基祖郭文鎮（1784～1824）如在30歲來到鹿耳門，則是在嘉慶19年間（1814），那時的臺江是尚未浮覆起來的時代。

---

10 廈門與鹿耳門對渡的船隻1780年代至少有四、五百艘，1800年代約三、四百艘，1820年代約一百五十艘，到1850年代僅有25艘，呈現大幅衰退的現象。資料來源：陳國棟，〈清代中葉（約1780～1860）臺灣與大陸之間的帆船貿易統計──以船舶為中心的數量統計〉，頁64。
11 康熙50年（1711）周元文知府〈申請嚴禁偷販米穀詳稿〉文載：「自數十年以來，土著之生齒既繁，閩、廣之梯航日眾，綜稽簿籍，每歲以十數萬計。」
12 道光年間臺江開始陸埔後，鹿耳門港道不存，「鹿耳門」一詞亦轉為陸地專詞。
13 根據閩浙總督玉德於嘉慶11年奏折所稱：「九年四月間，燒燬北汕木城，殺害官兵。」
14 在嘉慶以前皆只有「北線尾」這個名稱，直到嘉慶時才出現「北汕寨」這樣的字眼，再其後至同治時才進而有了「北汕尾」這用字，地名稱呼順序從北線尾→北汕寨→北汕尾。資料來源：王懷緗，〈空間的記憶重現──臺江之甍更迭暨人文研究〉，頁39。

1820年間土城聚落逐漸形成

鹿耳門由於商業日盛，臺郡商賈雲集於鹿耳門與府城之間，由於貨物需要待送稽查與運輸，為節省耗費的人力與物力，三郊也在當地設立倉庫公館來囤貨儲運。三郊在臺南地方不僅扮演經濟發展的角色，也與官府合作，參與地方公共事務。

嘉慶年間，三郊組義旗「三郊旗」協助官府驅逐海盜蔡牽；道光年間，協助天津運穀平糶；道光7年（1827），在水仙宮邊室「三益堂」設立「公所」，協助仲裁商業糾紛、制定度量衡、捐修公共設施與廟宇，並協助地方防禦，擔任義民首、辦理地方團練，三郊成為帶有軍功與武力性質的商業團體。

三郊基於管理鹿耳門嶼碼頭的商貨船隻與陸埔的土地，也引進更多人力來開墾，而逐漸形成在土城的聚落，現土城角尚住有昔時三郊公館管理人郭光潘（1798～1878）傳衍的後代郭延章（1945～），至今已到第9世。[15]

1823土城五角頭各據一方

道光3年（1823）7月的一場大風雨後，帶來超豐沛水量，造成嚴重的土石流，河水挾著土石氾濫成災，改道竄流向鹿耳門，臺江內海一夕之間為土石所淤，臺江內海陸浮，鹿耳門沙洲則變為大片陸地，也吸引了曾文溪以北，臺灣西南沿海東石、布袋、

北門、學甲、將軍、佳里、西港、七股的居民陸續到此墾荒。

因墾荒形成聚落的族姓分別有：郭岑寮角是來自嘉義布袋郭岑寮的郭姓，虎尾寮角是來自嘉義新塭的虎尾寮蔡姓，土城角是來自西港大竹林的郭姓，中州角是來自學甲中州的陳姓，蚵寮角是來自北門蚵寮的王姓、洪姓，合稱為「土城五角頭」，各據一方生活傳衍下一代，奉鹿耳門聖母廟媽祖為信仰中心。

1823黃郭相殺十三年

土城角，為道光年間郭畝使招來西港大竹林與大塭寮之郭姓入墾所形成的聚落。[16]他們原鄉來自福建漳州府龍溪錦湖社，郭姓曾與黃姓因墾拓臺江陸浮埔界址爭議，與黃姓雙方爭墾埔地發生械鬥糾紛，史稱「黃郭相殺十三年」的悲劇。郭姓築土壘抵抗洪理、黃軍十六股首黃姓之攻擊，郭姓為防禦黃姓的攻擊，便構築土城以保護其墾區的安全，此即「土城仔」聚落之由來，屬狹義的土城仔的解讀。後來陸續來自四面八方的散戶前來居住。[17]

---

15 郭光潘先祖來自西港大竹林的開臺始祖郭闖高（1652～1731），有族譜可證，譜系如下：土城祖郭光潘（第一世）→郭登合（第二世）→郭寬達（第三世）→郭萬得（第四世）→郭愛男（第五世）→郭延章（第六世）→郭義明（第七世）→郭柏賢（第八世）→郭晁誠（第九世）。

16 陳素雯（2005），〈臺江內海浮覆地社會經濟變遷之研究——以臺南市安南區為例〉，國立臺南大學臺灣文化研究所碩士論文。

17 依「臺灣地質第四紀之父」林朝棨教授的考證：鄭子寮城西里間及土城子（按此僅指城東里一帶地）等偏北地區殆即古北線尾島之北部。資料來源：《臺南文化》，第7卷第4期，1963年09月30日，頁37-41。

1831海安宮寄佛

道光11年（1831）曾文溪再度氾濫，天后宮遭受水患之難，廟基輕微受損，廟壁龜裂，幸神尊無礙，神像乃無價之寶，怕嗣後恐有萬一，經三郊執事磋商，決議將諸神像疏開寄奉至同為三郊管理的海安宮為上策，待修繕後再請回，經眾同意後只留下內爐、外爐、聖母二尊以安境眾。由時任三郊鹿耳門事務總管郭光潘與鹿耳門信眾數十人以竹筏護送百餘尊神像，至府城鎮港海安宮寄奉，是謂「海安宮寄佛」，寄祀長達有87年之久，並有每年奉上香燭費二、三十元，且有帳冊明白記載。[18]

1855土城中洲角創庄

咸豐5年（1855）年，學甲中洲三房的陳里（1817～1888）前來「土城仔」幫黃郭兩姓友人調和紛爭，[19]發現此地有一口荷蘭人留下古井，周邊尚存荒廢房舍、土造圍牆與廣大腹地，適合居住發展，遂返中洲召集陳氏家族三房及佳里、後港親友移居此地開墾，並恭請一尊保生大帝鎮宅保安而成中洲聚落，即為後來的中洲角，陳里為土城中洲角的陳姓創庄始祖。[20]後土城角郭姓為感謝調和成功之情，相贈陳里一塊土地，後人陳順涼（1952～）並於2017年建造陳里紀念園與保生大帝行館。

1860官賈捐資重建古媽祖宮

　　咸豐10年（1860），臺灣總鎮府邵連科與曾元福等官員暨三郊公局等商賈，捐資重建古媽祖宮，立有〈重興天后宮碑記〉，根據碑文中可知捐款者有官紳、郊商、店號與金額，惜缺落款年代，尤以「三郊公局」出資最多，可知當時三郊在鹿耳門的舉足輕重，據耆老口述，此時古廟內僅留下鄭成功隨船媽祖「開基媽」、「文館三媽」聖母神像以及內爐、外爐於廟殿內外，其餘神尊已移駕海安宮。

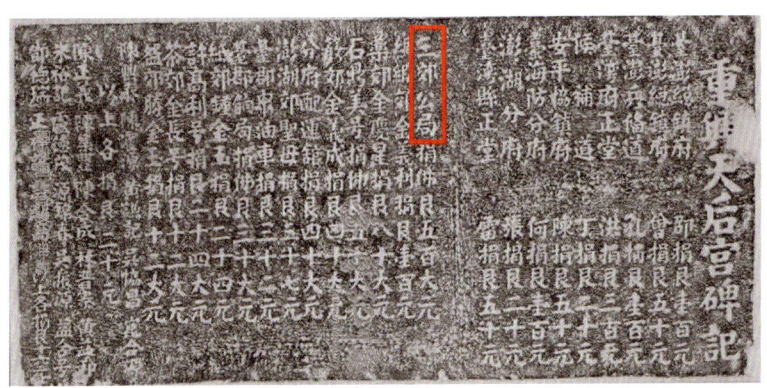

咸豐10年（1860）重興天后宮碑記

---

18 郭清林主編（1978），《鹿耳門寄普附三郊開鑿溪筏港》，鹿耳門史蹟研究促進委員會，頁15。
19 陳順涼提供族譜說明：祖輩相傳陳里38歲來土城開庄，生於嘉慶丁丑22年（1817），卒於光緒戊子14年（1888），陳里的長子陳垾當時1歲出生，查陳垾其出生年安政2年（1855）是吻合的，陳里紀念園的「學甲中洲與中洲角緣由」內記載1845年跟筆者考查的1855年有10年之差，是算術的筆誤（1817+38歲=1855）。
20 陳順涼所設立的陳里紀念園內的〈學甲中洲與中洲角緣由〉碑記。

1862 鉅資開鑿竹筏港

三郊鹿耳門界碑

同治年間（1862～1874），三郊為轉運貨物，更花費鉅資以人工來開鑿竹筏港（也稱溪筏港），是連接國賽港到安平大港的港道，基於官商互惠，也因此獲得從安平港到鹿耳門一帶的海埔新生地作為公產管理權的獎勵，成立萬益館登記為業主，收取租息，以補助三郊修港虧損的費用。在土城附近就有五塊「三郊鹿耳門界」碑[21]、二塊「鹿耳門聖母廟界三郊立」碑[22]都是證明三郊商團在鹿耳門港新生埔地墾闢之界址。

1871 媽祖宮毀於洪患

同治10年（1871）7月大風雨造成曾文溪改道，由鹿耳門出海，媽祖宮毀於大洪水中，廟內的「開基媽」、「文館三媽」由土城五角頭、鄭仔寮居民迎請回庄，以爐主輪值形式奉祀。

1884 浮復埔地原始憑證

光緒10年（1884），臺郡三郊業主萬益館在鹿耳門天上聖母一

帶浮復埔地，發給鄭仔藔庄佃戶陳三的墾照「佃戶執照」指出：「『鄭仔藔庄佃戶陳三』領耕『鹿耳門天上聖母一帶浮復埔地』的『田園魚塭〇甲六分七厘』。」這說明「鹿耳門天上聖母一帶浮復埔地」當在鄭仔藔庄一帶，所以該庄佃戶才有辦法領耕。

陳三領耕在鄭仔藔的田園魚塭，由「臺灣縣祁」勘丈、立界的，可證這些土地應屬該縣轄區，間接證明鄭仔藔庄屬於臺灣縣。而鄭仔藔是屬土城之一的角頭，也證明那時「土城」系屬臺灣縣管轄的原始憑證，只是當時地稱鹿耳門嶼而已，所以在日治時期戶籍謄本地名就是稱土城仔庄的土名「鄭仔藔庄」。[23]其陳家的後代子孫都還在此地，並建有陳姓宗祠。

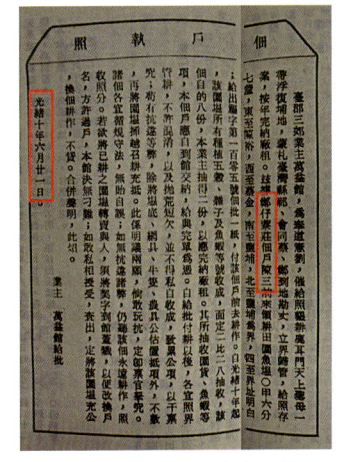

光緒10年（1884）佃戶陳三執照

---

21 一在臺南市安南區城東里中洲角保生大帝所有園地邊角，二在臺南市安南區土城國校西北阡陌中，三在臺南市安南區城東里47號屋前，四在臺南市安南區南里、沙崙里間公路邊水田中，五在臺南市安南區青草里南部阡陌上。資料來源：《臺灣南部碑文集成》，頁762-784。
22 一在臺南市安南區城北里鹿耳門天上聖母廟，二在臺南市安南沙崙里69號屋前。
23 許丙丁、賴建銘、高崇熙、黃典權（1963），〈鹿耳門史料新探〉，《臺南文化》，第7卷第4期，頁28-30。

1889鹿耳門和土城同體異名

光緒15年（1889），〈賣杜絕盡根塭契字〉契據上載明「塗城仔莊」陳峻，「有合夥圍築魚塭一口，坐落土名在鹿耳門，作五份，峻應得二份半，年帶納業主萬益館，二八抽分。東至公水路為界，西至公水路為界，南至本館塭為界，北至盒司塭為界，四至明白為界」。「土」與「塗」讀音相同，「塗城」與「土城」為諧音，陳峻是土城中州角陳姓家族人，即說明土城庄在鹿耳門一帶，不出土城範圍，所以「鹿耳門」和「土城」不過是同體的異名。[24]

1911西港香科史地脈絡

日治時期，臺灣的行政區劃前後共有九次的變更，明治44年（1911年）之前，明治時期就有7次地方改制，相當混亂，至大正9年10月1日施行地方自治，改革地方官制度，全臺12廳改為5州2廳（臺北州、新竹州、臺中州、臺南州、高雄州、臺東廳、花蓮港廳）與地名變更，土城仔地區在日治初期的地籍曾屬臺南縣、鹽水港廳、西港仔堡、臺南州、北門郡、七股庄、土城仔庄、土名土城仔庄。

---

[24] 道光年間臺江開始陸埔後，鹿耳門港道不存，「鹿耳門」一詞亦轉為陸地專詞。

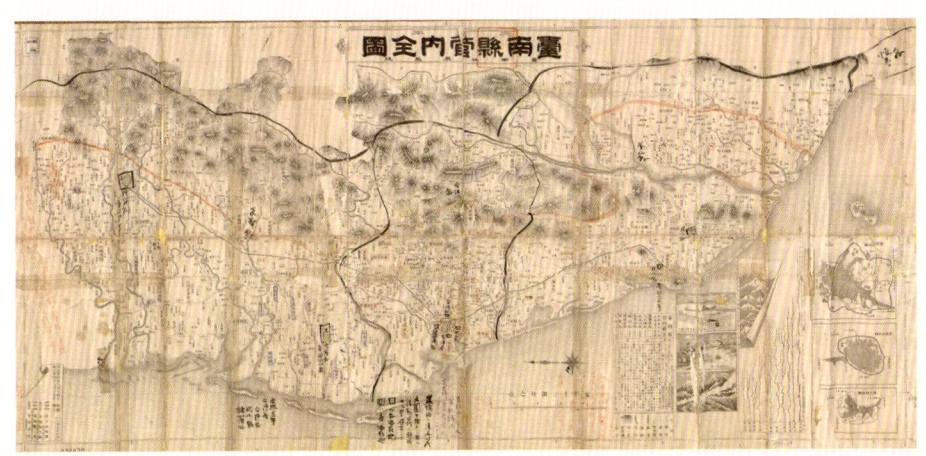

明治34年（1901）臺南縣管內全圖

明治34年（1901）臺南縣管內全圖

昔時土城會參加西港香科是有其歷史地緣的脈絡。1938年之前，土城地籍還都屬於北門郡西港堡七股庄，所以土城香會有三日香，鹿耳門媽香出巡遶境巡安，首日香遶境溪北地區，二日香遶境臺江地區，尾日香遶境土城地區，都有其歷史與地緣脈絡。

1920土城仔變土城子

大正9年（1920）廢廳置州，設臺南市，新豐等10郡，實施街庄制，臺江菅仔埔、鹽水溪、曾文溪埔開始進行庄名、行政分區整併，此時舊地名用字也有所改變，去部首的字邊「亻」與「艹」，如「藔」字改為「寮」，「份」變為「分」，「仔」變為「子」，「什」變成「十」，「佃」改為「田」，「蔴」改為「麻」，「荳」更改為「豆」等。

例如：「鄭仔藔」變成「鄭子寮」，「土城仔」變成「土城子」，「土城子」（塗城仔囝 Thôo-siânn kiánn）是老一輩土城人對土城地區的稱呼。

1938土城郡庄行政區劃併

昭和13年（1938）4月，土城因地緣關係距離臺南較近，在交通與地理上的方便性，而將其原在北門郡七股庄行政區，劃入為新豐郡安順庄。

▌廣義的土城仔定義

　　是以鹿耳門聖母廟「土城子」的聚落之原始祭祀圈——五角頭庄（土城仔庄、虎尾寮庄、郭份寮庄、中州角庄、蚵寮庄）為中心，後稱為土城角、虎尾寮角、郭岑寮角、中州角、蚵寮角，再加上中間鄭仔寮庄、最西邊的港仔西庄，再加上青草崙庄合為八角頭，後來又有砂崙腳、十份塭、溪埔仔等地的出現，合為現在的十一角頭，涵蓋有七個里（城東里、城北里、城南里、城中里、城西里、青草里、砂崙里、學東里），土城仔為安南區西北邊最大的聚落。

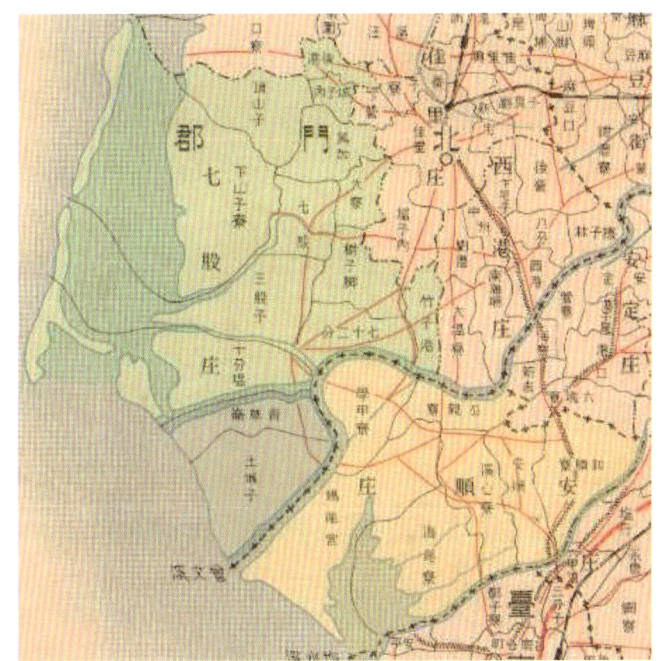

1930年安順庄（下）與七股庄（上）地圖：土城子與青草崙（中）仍屬七股

昭和11年（1936）8月2日土城子行政區變更報導

II

聖母廟的轄境：
七里十一角頭

十一角頭，
鹿耳門媽的信仰圈

　　土城的聚落以鹿耳門聖母廟為中心點，分為城中里、城東里、城南里、城西里、城北里五個里再加上青草里、砂崙里及學東里西邊之溪埔仔，內共有十一角頭，筆者依信徒代表大會組織章程制定的角頭順序一一介紹，信徒大會共選出79位信徒代表，信徒代表再選出29位的管理委員，共合為108人的吉數。

土城聚落以聖母廟為中心，土城香是土城仔人的聖典

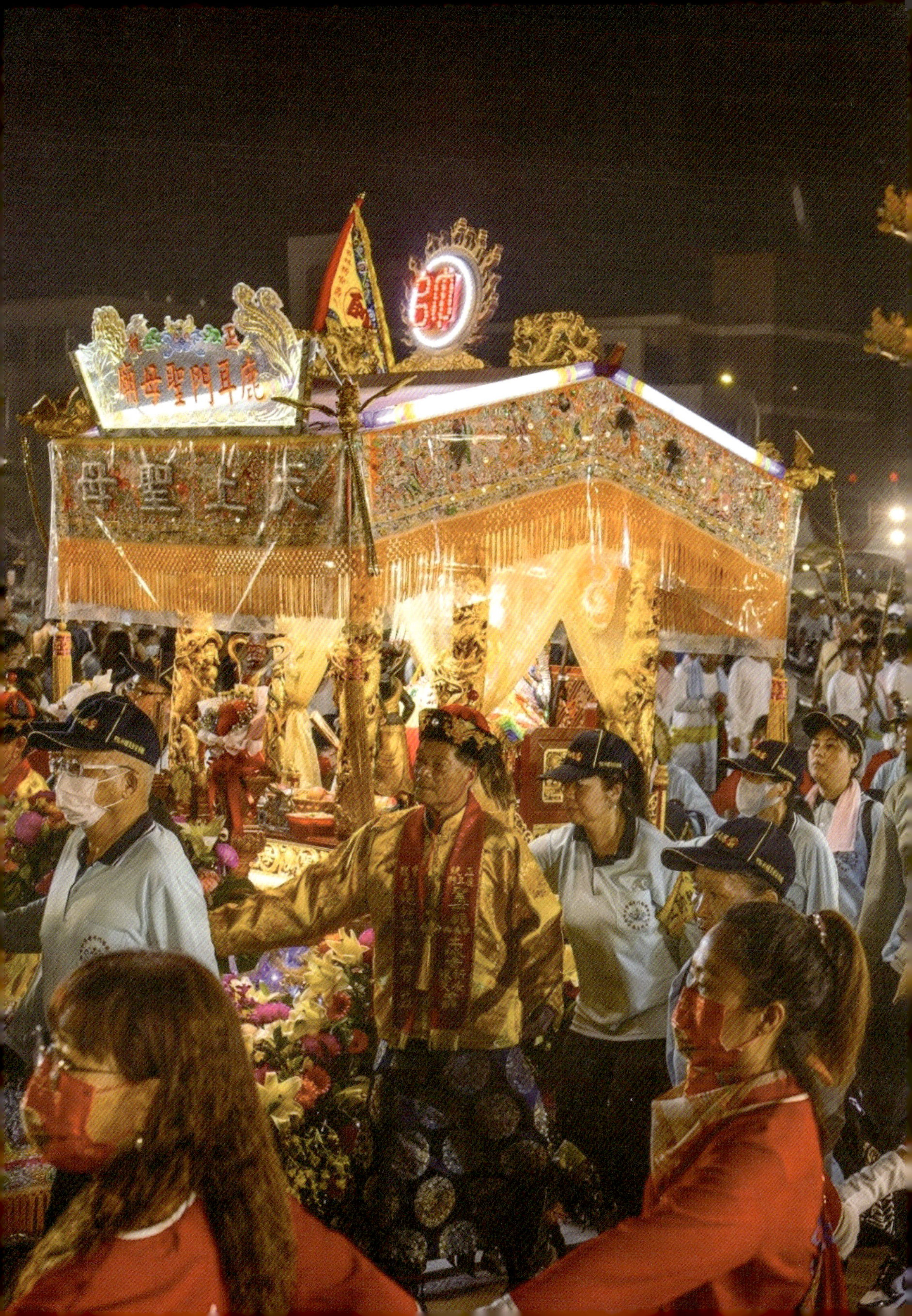
鹿耳門聖母廟
天上聖母

虎尾寮角

▍虎尾寮地名釋義

　　虎尾寮角位於土城聚落中心點偏南邊，隸屬於城南里。

　　本里位於城西街一段61巷與蚵寮角為界，以城南路與鄭仔寮為界；南北則以安清路和舊臺糖鐵道為界。地名會稱為「虎尾寮」，鹿耳門漁夫蔡奇蘭在其《虎尾寮庄志草本》敘述：

虎尾寮伍聖宮開基伍王爺

　　　　公元1827年（道光七年），從嘉義新塭的虎尾寮，
　　　第一位搬遷到土城開墾這片俗稱「菅仔埔」的蔡自香
　　　（14世），他沿用故鄉的地名，將這塊新闢的田庄，亦叫
　　　做「虎尾寮」。

　　是因為原居於嘉義布袋、新塭的虎尾寮蔡姓五房同姓移民所聚集的村落，再加上一房來自將軍苓仔寮蔡姓為代表（第13屆聖母廟管委會總幹事蔡瑞源為其支脈），以紀念其原鄉來自虎尾寮而命名，為以蔡姓為主的聚落。

明治35年（1902），虎尾藔庄的戶數人口調查是有36戶，277人。到了日治末期的戶數統計已有178戶，各姓氏百分比統計分別是蔡（60%）、王（13%）、吳（8%）、洪（7%）、郭（2%）、邱（2%）。[25] 2024年5月，城南里（內含虎尾寮與鄭仔寮）的統計有1309戶，3870人。[26]

　　吳姓來自將軍吳與布袋吳，將軍吳的代表人物有：吳進家（前聖母廟董事長）、吳有益、吳國山（王府正案）、吳財田（1940年生）。

虎尾寮伍王爺榕

---

25 呂瑞祥（2010），〈鹿耳門溪沿岸地方開發的歷史變遷〉，國立臺南大學臺灣文化研究所碩士論文，頁113。
26 安南區公所2024年5月報表，蔡麗青議員提供。

蔡姓家族源流

蔡瑞祥（1962年生），著有《西霞貴山派虎尾寮衍裔族譜》，未出版，考察其原鄉是來自福建省泉州晉江東石的西郊，東石西霞蔡氏衍派原居於西郊部落，枝葉茂盛移一支西郊頂，再分一支在下西郊，五房先祖渡海移徙臺灣，起初登陸散居於新塭虎尾寮，古時隸屬諸羅縣轄地，後再移民現安南區的土城，西郊頂當地的信仰則是溫府千歲。

〈東石西霞蔡氏十一世起字衍〉

貽書芳自遠　樹德世尤長　崇尚斯承志　創垂冀克昌
簪纓遺燕翼　繼述紹儀容　萬派朝宗委　千秋裕後祥

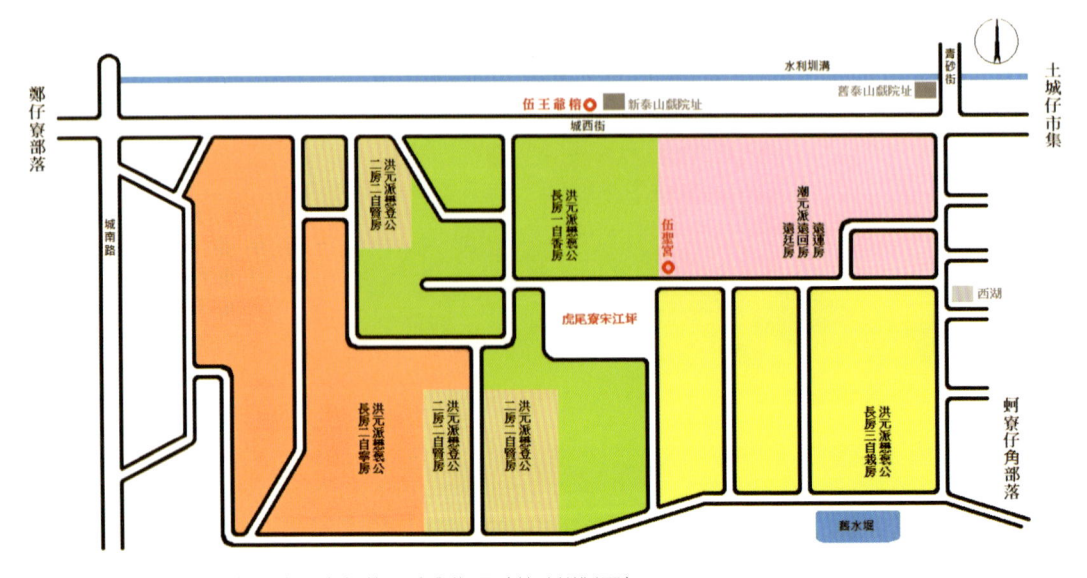

西霞蔡氏貴山公衍裔虎尾寮部落五房分佈圖（蔡瑞祥製圖）

地方信仰中心

地方信仰：虎尾寮伍聖宮於2023年建廟。

虎尾寮由於幅員廣闊、人口眾多，在聖母廟屬第1選區，可產出15位信徒代表，廟方管理委員6位。

第13屆委員會虎尾寮信徒代表有：蔡清勇、鄭火炎、蔡哲維、蔡進德、陳朝榮、吳財田、蔡奉雄、蔡先模、蔡福生、蔡狄清、蔡宗霖、蔡慶雄、鄭國揚、蔡昆達。

管理委員6位：蔡炳輝、吳有益、蔡瑞源、邱榮風、吳豐愷、蔡清朝。

虎尾寮伍聖宮

郭岑寮角

郭岑寮地名釋義

郭岑寮角位於土城聚落的北邊，隸屬於城北里。本里位於城北路98巷以南，東到鹿耳門溪，西到安中路六段，與城中里為界，西至安中路六段與蚵寮角為界，早期主要姓氏為來自福建省泉州府南門外晉江縣東石鎮郭岑村第五房的郭姓宗族。

在日治初期1898年，土屋重雄的戶數人口統計只有29戶，233人，[27]到了日治末期的戶數統計已成長到81戶，各姓氏百分比統計分別是：郭（91%）、陳（4%）、蔡（2%）、許（1%）、黃（1%）。[28]2024年5月統計有：603戶，1791人。[29]

郭姓家族源流

土城郭岑寮郭氏宗族原祖籍為福建省泉州府南門外晉江縣東石鎮郭岑村第五房，渡海來臺開臺第一代為德祖郭邦慶，為「邦」字輩，是滄岑傳衍的第16代，其生於康熙60年（1721），卒於乾隆53年（1788），於乾隆30年（1765）帶長子郭朝潘、次子郭朝葛，渡海來臺，也將原鄉李王廟主祀的三代巡（大王李府千歲、二王池府千歲、三王吳府千歲）攜帶來臺，隨船庇佑大家平安，初居現嘉義布袋鎮新岑里（頂頭郭岑寮），以漁為生。

筆者從郭姓族譜看來,開臺第二代郭朝葛帶長子郭文鎮來到土城開墾,土城郭岑寮其土城開基祖郭文鎮〔生於乾隆49年(1784)卒於道光4年(1824)〕如在30歲來到鹿耳門,是在嘉慶19年(1814),那時的臺江內海是尚未「一夕之間」大範圍的浮覆起來,但臺江內海在乾隆、嘉慶之際(18世紀末)已有大規模積泥成埔發生,[30]鹿耳門嶼位於鹿耳門溪入口最外的沙汕,吸引曾文溪北岸與臺江東緣鄰近居民過來二次移墾,臺江內海東側移墾較早較繁密,愈往西側則是開發略晚。所以推測郭岑寮郭姓宗親是很早就來鹿耳門土城開墾的一支。

郭岑寮正殿:池府千歲、李府千歲、廣澤尊王

---

27 土屋重雄(1897),《臺灣事情一班》,頁315。
28 呂瑞祥(2010),〈鹿耳門溪沿岸地方開發的歷史變遷〉,國立臺南大學臺灣文化研究所碩士論文,頁113。
29 安南區公所2024年5月報表,蔡麗青議員提供。
30 李文良(2019),〈積泥成埔:清代臺江內海「港口濕地」的築塭與認墾〉,《臺灣史研究》,第26卷第3期。

郭岑寮郭氏祖祠祭祖按照輩份排序

　　開臺第三代文祖，帶領子孫南下移遷至鹿耳門土城郭岑寮開墾，安身立命之下需有神明隨身護佑，以求身心安頓，遂至嘉義布袋頂頭郭岑寮迎請神尊南下，由於當時大王李府千歲需鎮殿在布袋，所以文祖只好迎請二王池府千歲前來，池府千歲遂成為土城郭岑寮開庄的「庄主」，之後嘉義布袋郭岑村人口外流嚴重，日趨沒落，只剩下20戶，土城郭岑寮子弟再將大王李府千歲恭請來到鹿耳門，由於信仰有所謂的先來後到，池府千歲是先來開庄庇佑大家，遂被大家奉為「庄主」，後到的李府千歲則成為第二順位的主祀神明，後來再供奉郭姓的祖佛保安廣澤尊王郭聖王。

　　由於筆者從郭岑寮留下的族譜，都有記載其輩分與查其《滄岑族譜》第一代開基始祖為郭洪泰，其傳衍昭穆輩倫排行字序分別：洪、巽、齋、肇、朴、郎、有、文、孜、勝、洪、立、一、寅、國、邦、朝、文、章、燕、翼、孫、謀、芳、聲、美、譽。

地方信仰中心

郭岑寮聖岑宮主祀池府千歲、李府千歲、廣澤尊王，初以爐主方式輪祀，2021年才建立聖岑宮。

池府千歲聖誕日是6月18日，李府千歲聖誕日是4月26日，廣澤尊王聖誕日是8月22日。

地方自組的陣頭：早期成立的陣頭是太平歌（八音團），民國35年改金獅陣。

> 郭岑寮在聖母廟屬第2選區，可產出11位信徒代表，廟方管理委員4位。
>
> 第13屆委員會郭岑寮信徒代表有：郭淡生、郭榮旭、郭藤、王金山、郭俊顯、郭義豐、郭聖昌、郭周銘、郭子榮、郭宜章、謝長廷。
>
> 管理委員4位：郭智輝、郭築煌、郭永彬、郭勝鴻。

郭岑寮聖岑宮

青草崙（青草里）

青草崙地名釋義

　　青草里舊稱西北寮，因位於土城聚落的西北角而得名，相傳古時由沙崙丘所組成，沙崙長滿了青草，崙上長年翠綠，遂取名青草里。青草崙地處曾文溪河岸，原來為淺海，同治年間曾文溪改道出現浮埔，學甲溪洲郭二和、西港大竹林郭世興與陳六合合資組成墾號「郭三合」請墾。清末本庄郭姓居民的祖先郭鬧鎮由西港鄉大竹林遷移而來開庄討海以漁為生，陳姓由頂山、西寮，邱姓由學甲中洲先後來此捕魚，才漸次定居形成聚落，而以半山海方式維生。[31]

　　本里西以城西里為鄰，東鄰砂崙里，北與曾文溪為鄰，與七股區三股里遙遙相望，南鄰城南里，在日治初期1898年，土屋重雄的戶數人口統計只有24戶，187人，[32]到了日治末期的戶數統計已成長到133戶，屬多姓村，各姓氏百分比統計分別是郭（32%）、陳（19%）、邱（17%）、林（7%）、王（7%）。2024年5月，青草里統計有489戶，1673人。[33]

郭姓家族源流

　　西北寮分有三角頭，西邊角以姓郭為主，郭姓先祖由西港鄉大竹林，先祖郭為帶三子郭鬧鎮（1834～？）來此開庄，有代表

人物郭萬山、郭金田（1944～），[34]還有姓尤（尤海連家族）與一戶姓蔡（蔡連博家族）；中角以姓林、姓魏、姓王等雜姓為多，東邊角以姓陳、姓邱較多。陳姓由七股頂山、西寮而來，代表人物有陳老桔（1911～）、陳世昌。邱姓由學甲中洲而來，代表人物為紫金宮現任主委邱志昌。

地方信仰中心

　　青草崙的地方庄廟紫金宮，主祀觀音佛祖、李府千歲、二府千歲、鹿港池府千歲、齊天大聖、黑虎將軍，目前還是臨時行宮，為搭鐵皮屋的樣貌。

　　主祀觀音佛祖聖誕日是農曆6月19日，李府千歲聖誕日是農曆4月26日，二府千歲聖誕日是農曆6月18日，鹿港池府千歲聖誕日是農曆6月18日，齊天大聖聖誕日是農曆2月25日，黑虎將軍聖誕日是農曆8月15日。

　　地方自組的陣頭：蜈蚣陣百足真人。

---

31 陳素雯（2005），〈臺江內海浮覆地社會經濟變遷之研究——以臺南市安南區為例〉，國立臺南大學臺灣文化研究所碩士論文，頁26。
32 土屋重雄（1897），《臺灣事情一班》，頁315。
33 安南區公所2024年5月報表，蔡麗青議員提供。
34 郭金田是先祖郭鬧鎮第五世的傳人，已傳至其孫至第七世。

青草里在聖母廟屬第3選區,可產出信徒代表8位,廟方管理委員3位。

第13屆委員會青草里信徒代表有:邱志昌、林漢明、尤崑石、陳國成、郭秋煌、陳守祝、林海永、邱建得。

管理委員3位:蔡連博、邱韶偉、郭金田。

紫金宮臨時行宮搭鐵皮屋的樣貌

青草崙蜈蚣陣百足真人

青草崙紫金宮臨時行宮公厝內神尊

百足真人蜈蚣壇

壹｜土城仔香的歷史發展

港仔西（城西里）

港仔西地名釋義

　　港仔西是屬廣義的土城聚落之一，屬於城西里，本里因位於土城仔之最西邊而得名，本里大多是魚塭地，為臺江內海較慢浮覆地陸地。所見盡是潮埔地、沙崙，以及臨時搭建的草寮；故取名城西里，清末就有土城子各角或北門一帶的人，來此牽罟抓魚貨圍填魚塭，並搭工寮作為臨時休息之場所，由於作業的海域在竹筏港溪以西，故慣稱本地為港仔西。[35]本里東起竹筏港橋與城南里為鄰，西鄰臺灣海峽，北與青草里、砂崙里為鄰，南隔鹿耳門溪與四草顯宮為鄰。

　　港仔西庄廟崇聖宮內碑文記述著港仔西的歷史：

> 臺灣府城從事貨品進出口的商業團體──「府城三郊」，在今里城東邊以人工開鑿一條；由國賽港往南經鹿耳門溪轉東至四草湖，行駛竹筏運輸貨品的水道，之後於此搭海寮做魚類捕撈；直至日治後數年才離開的漁夫們，稱其水道為「竹筏港仔」，水道西邊的瀕海地帶稱為「港仔西」。[36]

　　竹筏港（也稱溪筏港）是南北向的河道，是連接國賽港到安平大港的港道，是目前僅存清代三郊以人工開鑿疏濬的臺江浮覆後的自然溪流河道。

日治中期來自曾文溪北岸的鄭姓、郭姓幾戶人家先後至此定居，爾後土城各聚落或其他地方陸續有人遷入分散居住形成聚落。[37]到了日治末期的戶數統計有24戶，各姓氏百分比統計分別是郭（33%）、王（13%）、陳（13%）、蔡、黃、方（8%），屬多姓村。[38]2024年5月，城西里統計有528戶，1656人。[39]

各姓氏家族源流

　　鄭姓是屬西港中港開臺祖鄭元公的裔系，祖源自福建漳州龍溪，有鄭兩、鄭鹿、鄭熊三房的裔孫，代表人物有鄭良明（1939～）、鄭深池。[40]

　　郭姓的住戶主要有來自土城郭岑寮四房：郭謨（1809～1846）後代→郭倚→郭川（1895～），代表人物有：現榴陽王三聖

---

35 許淑娟等撰（2001），《臺灣地名辭書，卷廿一，臺南市》，南投：臺灣省文獻委員會，頁435。
36 港仔西庄廟崇聖宮媽祖厝碑文。
37 港仔西庄廟崇聖宮媽祖厝碑文。
38 呂瑞祥（2010），〈鹿耳門溪沿岸地方開發的歷史變遷〉，國立臺南大學臺灣文化研究所碩士論文，頁113。
39 安南區公所2024年5月報表，蔡麗青議員提供。
40 土城祖鄭鹿（1866～1942）（第一世）→鄭允（1898～1986）（第二世）→鄭良明（1939～）（第三世）→鄭勵水（第四世）→鄭琨瑋（第五世）。

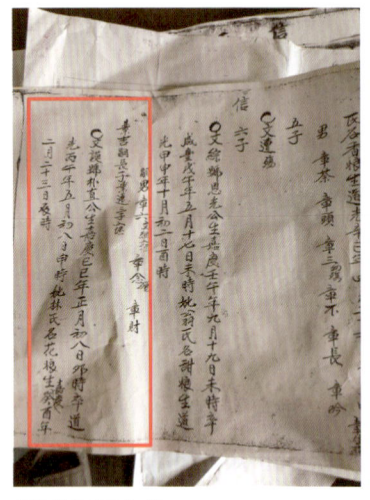

郭岑寮四房族譜　　　　　　崇聖宮正殿

始祖（1383）主任委員郭正義（1977～）；還有郭岑寮五房郭闖這一支在鎮港將軍廟附近，代表人物有郭百岳。

王姓代表人物有崇聖宮主委王盛雄（1945～），從其父親王連彩從七股大寮遷來土城港仔西安身立命，傳衍後代已至第四世。[41]

陳姓代表人物有陳仙助（阿寶，1960年生），父親陳長（1930～2012，曾任漁會代表）是最早來這裡作塭討海的人，祖父陳採是西北寮人，陳長11歲就來到這裡開發，從事作塭、作園（半漁半農），陳家有1甲的海埔地。當地會有「相打地」稱呼是因為海埔新生地，大家相爭而打架起來。為何稱「十二戶」，是當初最早只有三戶姓陳的、一戶姓黃的親友所組成的聚落。

---

41 王連彩（第一世）→王盛雄（1945～）（第二世）→王清松（1969～）（第三世）→王宏義（1997～）（第四世）。

地方信仰中心

　　港仔西庄廟崇聖宮係主祀天上聖母，該廟起初並無固定祭祀空間，以擲聖杯最多為爐主輪祀的方式來祭祀，將神祇供奉於爐主家，直到2012年方獲得神意認可建成「媽祖厝」。

崇聖宮公厝於2012年竣工

　　主祀原始「鹿耳門媽祖」神祇；配祀；「五王、佛祖、天公」以及其他神祇等。約在民國60初年間，莊民長輩擔任聚落公廟董事時，向廟方努力爭取「媽祖神祇」乙尊，永世留守在村莊佑民，與之前獲得聚落公廟分配的「銅座仔爐」，一同由莊民採輪值爐主的方式奉祀。

　　港仔西早期曾組有鼓花陣參加土城香的陣頭，現已中斷。

城西里在聖母廟屬第5選區，可產出信徒代表7位，廟方管理委員2位。
第13屆委員會城西里信徒代表有：郭宗賢、謝鴻祥、陳志強、林志建、鄭文樟、蔡春榮、郭建彰。
管理委員2位：郭俊男、楊敏郎。

土城角

土城角地名釋義

土城角位於土城聚落中心點偏東邊，隸屬於城東里。城東里內轄有土城角與中洲角，土城角範圍東至臺17線西部濱海公路，南至城北路98巷至花店與郭岑寮交界，西至城北路與中洲角為界，北至錦源商號（徐錦源）。

土城角：道光年間來自學甲溪洲的郭畝使招來大竹林與大塭寮之郭姓入墾所形成的聚落。[42]他們原鄉來自福建漳州府龍溪錦湖社，[43]郭姓曾與黃姓因墾拓臺江陸浮埔界址爭議與黃姓雙方爭墾埔地發生械鬥糾紛，史稱「黃郭相殺十三年」的悲劇。郭姓築土壘抵抗洪理、黃軍十六股首黃姓之攻擊，郭姓為防禦黃姓的攻擊，便構築土城以保護其墾區的安全，此即「土城仔」聚落之由來。[44]後來陸續來自四面八方的散戶前來居住，所以被稱為「土城仔」。

日治初期，土屋重雄的戶數人口統計只有55戶，371人，[45]到了日治末期的戶數統計已成長到91戶，各姓氏百分比統計分別是郭（49%）、陳（11%）、徐（10%）、蔡（8%）、李（7%）。[46]為以郭姓為主的主姓村。2024年5月，城東里（土城角＋中洲角）統計有611戶，1830人。[47]

鎮殿大媽令　　　　　　　　　　　　　　　大竹林郭宗祠八房祖郭闢高神像

---

42 陳素雯（2005），〈臺江內海浮覆地社會經濟變遷之研究──以臺南市安南區為例〉，國立臺南大學臺灣文化研究所碩士論文，頁26。
43 感謝中研院民族所丁仁傑老師提供《大竹林錦湖郭氏族譜》電子檔，使本資料可以比對。
44 臺灣第四紀地質學之父──臺灣大學地質學系教授林朝棨：土城子（指城東里一帶）地質屬於「沿海洲沉積物者」即可能為古北線尾島地。資料來源：《臺南文化》，第7卷第4期，1963年09月30日，頁37-41。
45 土屋重雄（1897），《臺灣事情一班》，頁315。
46 呂瑞祥（2010），〈鹿耳門溪沿岸地方開發的歷史變遷〉，國立臺南大學臺灣文化研究所碩士論文，頁113。
47 安南區公所2024年5月報表，蔡麗青議員提供。

郭姓家族源流

土城角的郭姓來源主要來自西港大竹林,[48]田調已知分有三支:一支來自大竹林郭闢高祖的八房祖家族,代表人物有屬二房祖郭喜的後代郭延章〔1945～,三郊公館管理人郭光潘(1798～1878)的後代〕[49];一支來自大竹林郭開高祖的家族,代表人物有郭博裕(1952～,聖母廟副主委);[50]一支來自大竹林中社祖郭華祝祖,代表人物有郭章吾(1943～,曾任聖母廟委員),[51]郭章吾其祖戶籍謄本記載,住於「臺南鹽水港廳西港仔堡土城仔庄土名土城仔庄」。

土城角神明會

土城角神明會主祀:鎮殿大媽令、天上聖母(大媽)、廣澤尊王、觀音佛祖,土城角還保留以擲聖杯最多為爐主輪祀的方式來

---

48 西港大竹林的郭姓是分有多支,依黃明雅的調查:其中「郭八房」約佔郭姓中的65%,「中社仔郭」約佔25%,「麻豆郭」、「學甲宅仔港郭」約佔10%。資料來源:《南瀛大地主誌〈北門區卷〉》,2009,臺南縣政府出版,頁129-148。

49 《大竹林錦湖郭氏族譜》整理出**西港大竹林始祖**郭闢高(第一世)→郭喜(第二世)→郭第(第三世)→郭縣(第四世)再傳衍至**土城開基祖**郭光潘郭光潘(第一世)→郭登合(第二世)→郭寬達(第三世)→郭萬得(第四世)→郭愛男(第五世)→郭延章(第六世)→郭義明(第七世)→郭柏賢(第八世)→郭晃誠(第九世)從西港大竹林算起傳至土城已有13世。

第一世:郭闢高(生順治9年1652～卒雍正9年1731),大竹林開台始祖傳有八子:乾、喜、亮、寬、興、勇、安、富,故云八房祖;第二世:郭喜(郭闢高次子,諱懷樂,生康熙18年1679～卒乾隆20年1755);第三世:郭第(郭喜四子,郭喜傳有五子:浩、及、報、第、嵩);第四世:郭縣(郭第三子,郭第傳有四子:指、參、縣、訪)。

祭祀，所有神像都安奉在爐主家。土城角內分有7柱，產生出7位信徒代表。

為公平起見，一年以一尊主神聖誕日為主，輪流來主辦平安宴慶壽。2023年是天上聖母（聖誕日農曆3月23日）；2024年是觀音佛祖（聖誕日農曆2月19日）屬私佛落公，會三年一次回大崗山超峰寺謁祖進香；2025是廣澤尊王（聖誕日農曆2月22日）亦屬私佛落公。以此類推下去，輪流主辦。

土城角眾神明與2023年爐主黃琬凌

每月的農曆初二都會賞兵（賞兵會1人300元），土城角最大的榮寵是擁有「鎮殿大媽令」，這是地方人士對聖母廟有重大貢獻才有的榮耀。

土城香曾組有牛犁陣、鼓花陣，目前則公司聘請職業陣頭。

土城角在聖母廟屬第6選區，可產出信徒代表7位，廟方委員2位。

第13屆委員會土城角信徒代表有：郭秉榛、郭維忠、郭進明、陳文廣、郭武田、郭富明、李崑峯。

管理委員2位：郭博裕、郭維政。

---

50 《大竹林錦湖郭氏族譜》可對應出郭開高（大竹林大塭寮始祖第一世）→郭裕（第二世）→郭賢（第三世土城祖）→郭吉（第四世）→郭海豬（第五世）→郭勉（第六世）→郭博裕（第七世）→郭正一（第八世）→郭冠廷（第九世）。

51 華祝祖繼桃名妙，生三子（懷茂、懷華、懷笠），懷華祖生良祖、乾祖、坎祖。郭坎祖（郭章吾之祖）約於10歲時隨太祖妣傅儉母子二人由西港大竹林居土城角，後娶妻阮氏蚵，生七子育六房子嗣，後世裔孫枝繁葉茂。

中洲角

▍中洲角地名釋義

中洲角位於土城的東北邊，隸屬於城東里，主要住戶是來自學甲中洲的陳一桂家族三房移居至此，陳里（1817～1888）前來「土城仔」幫郭黃兩姓友人紛爭解和，發現此地有一口荷蘭人留下古井，周邊尚存荒廢房舍、土造圍牆與廣大腹地，適合居住發展，遂返中洲召集陳氏家族三房及佳里、後港親友移居此地開墾，形成中洲聚落，稱為「中洲陳」，遂稱為中洲角。[52] 範圍西至聖母廟，南至錦源商號（徐錦源），東至牛犁工（大進錄影社），北至圳邊賣松柏那邊。

在日治初期1898年，土屋重雄的戶數人口統計有71戶，414人，[53] 到了日治末期的戶數統計已成長到91戶，各姓氏百分比統計分別是第一大姓陳（82%）、劉（9%）、郭（4%）、徐邱翁三姓（2%）。[54] 2024年5月，城東里（中洲角＋土城角）統計有611戶，1830人。[55]

中洲角三郊鹿耳門界碑

58　｜土城香｜鹿耳門媽香・五府千歲醮

中洲角保洲宮進香香條

中洲角保洲宮神明會，祀保生大帝

中洲角虎爺寶塔

---

52 陳順涼提供《臺灣中州陳氏族譜》說明：先祖陳里38歲來土城開庄，陳里紀念園內的「學甲中洲與中洲角緣由」碑記（2020）。陳里（第一世）→陳寮（第二世）→陳朱盤（第三世）→陳建章（第四世）→陳順涼（1952～）（第五世）。

53 土屋重雄（1897），《臺灣事情一班》，頁315。

54 呂瑞祥（2010），〈鹿耳門溪沿岸地方開發的歷史變遷〉，國立臺南大學臺灣文化研究所碩士論文，頁113。

55 安南區公所2024年5月報表，蔡麗青議員提供。

| 壹 | 土城仔香的歷史發展　　59

各姓氏家族源流

中洲角的陳姓有二支,主要有從學甲中洲而來的陳一桂家族三房,代表人物有陳安、[56]陳順涼等人,還有一支是從北門灰磘港(原鄉是泉州南安)移民至土城,代表人物有陳新安,陳財旺等人。

劉姓為來自西港劉厝(原鄉是泉州同安),代表人物有劉木智家族。[57]

戰後民國35年,以陳為主姓的中洲角和以郭為主姓的土城角,合併為城東里。

地方信仰中心

中洲角陳姓信仰源流為保生大帝,土城中洲角保洲宮神明會,創立於民國37年,主祀有保生大帝、中壇元帥,目前還是以擲杯來選爐主。

保生大帝的聖誕日農曆3月15日,中壇元帥的聖誕日農曆9月9日。

---

56 陳讚(第一世)→陳拋(第二世)→陳安(第三世)→陳基明(第四世)→陳泓文(第五世)。
57 劉木智家族《劉氏祖譜》記載祖籍福建省泉州府同安縣二十四都後山尾窗裡社,在土城的傳衍脈絡:劉來(第一世)→劉埔(第二世)→劉慶(第三世)→劉魯(第四世)→劉明根(第五世)→劉木智(第六世)→劉杰尚、般善、佳典(第七世)。

地方自組陣頭：曾組有牛犁歌、鬥牛陣參加土城香的陣頭，現公司改請職業陣頭鬥牛陣。

中洲角在聖母廟屬第7選區，中洲角可產出信徒代表6位，廟方管理委員2位。

第13屆委員會信徒代表有：陳財旺、陳錦昌、陳志富、陳建成、陳進池。

管理委員2位：陳新安、陳進池。

由陳順凉籌建的中洲角開臺保生大帝行館，於2014年重陽節安座

鄭仔寮

▌鄭仔寮地名釋義

鄭仔寮位於土城聚落的西南邊，隸屬於城南里。主要街道是城西街二段虎尾寮末端開始至竹筏橋止為鄭仔寮的範圍，以城南路與虎尾寮為界；南北則以安清路和舊臺糖鐵道為界，地名會稱為「鄭仔寮」，本地為鄭振記墾地，墾佃大都是來自新寮、什三佃的鄭姓移民，與將軍歐汪搬遷而來的陳姓所形成的聚落。[58]由於鄭姓宗親當時所佔的比例較多，遂稱為「鄭仔寮」。

在日治初期1898年，土屋重雄的戶數人口統計只有19戶，119人，[59]到了日治末期的戶數統計已成長到55戶，各姓氏百分比統計分別是鄭（25%）、蔡（22%）、陳（20%）、翁（15%）、方（5%）。[60] 2024年5月，城南里（內含鄭仔寮與虎尾寮）統計有1309戶，3870人。[61]

▌鄭姓家族源流

土城鄭仔寮內的鄭姓有三個來源，分別從新寮、什三佃、總頭寮而來，查其先祖都是從新寮而來。鄭仔寮尚保存有老祖神主牌位家族輪祀的風俗，經查鄭瑞民（1962年生，外

鄭仔寮新寮鄭家有老祖輪祀的習俗

號美國,聖母廟監委)家祖先的牌位,得知神主內的老祖鄭強（1813～1890）[62]是從新寮移民至土城,而新寮的鄭姓先祖,是遠溯自福建泉州府南安縣石井鎮的鄭省英（1619～1675,鄭芝莞長子是鄭成功從兄弟)→鄭獻祥,初散居學甲頭港、中洲等地,後遷往將軍口寮,嘉慶年間鄭姓三兄弟鄭強、鄭彰、鄭海到此新寮墾耕。[63]

鄭瑞民提及：他們的祖先墓碑都刻有「石井」二字,也代表他們的祖籍與祖先是跟鄭成功有所關連,他家從鄭強開始為土城第一代至今已傳至第7代。[64]如果老祖鄭強是30歲從新寮來至鄭仔寮開墾的時間。應該是落在道光23年（1843）,也是臺江陸埔浮覆後的時代。

另有一脈是從什三佃的鄭姓遷移過來土城的,以鄭立（1932年生,曾任舊廟董事）為代表,從其祖父鄭枴（第一世）開始至今傳衍到第五代。[65]

---

58 陳素雯（2005）,〈臺江內海浮覆地社會經濟變遷之研究——以臺南市安南區為例〉,國立臺南大學臺灣文化研究所碩士論文。
59 土屋重雄（1897）,《臺灣事情一斑》,頁315。
60 呂瑞祥（2010）,〈鹿耳門溪沿岸地方開發的歷史變遷〉,國立臺南大學臺灣文化研究所碩士論文,頁113。
61 安南區公所2024年5月報表,蔡麗青議員提供。
62 鄭強生於嘉慶18年（1813）,卒於光緒16年（1890）。
63 詳新寮鎮安宮碑記。
64 依神主排序：鄭強（第一世）→鄭向（第二世）→鄭辨（第三世）→鄭善（第四世）→鄭成受（第五世）→鄭瑞民（第六世）→鄭俊隆（第七世）。
65 鄭枴（第一世）→鄭添丁（第二世）→鄭立（第三世）→鄭作霖、鄭炎昆（第四世）→鄭至亨（第五世）。

陳姓家族源流

陳姓先祖陳摻（1823～1898）在清光緒10年（1884）即在鄭仔寮為承租開墾戶，可參見清光緒10年三郊業主萬益館發的「佃戶執照」，得知陳摻的時代就參與了鹿耳門天上聖母一帶浮復埔地的墾耕，前來鄭仔寮領耕田園魚塭去耕作。

陳摻其孫陳魯老先生稱：「現在鄭仔寮食水窟即係其家所有。」[66] 後來陳家在此地傳衍後代，以陳日田他家為例，已有七代的人。[67] 其陳家後來在當地建有宗祠與清佛宮（主祀清水祖師、南海佛祖、普庵祖師）。

地方信仰中心

鄭仔寮聖寅宮主祀天虎將軍、中壇元帥，於2024年舉行入火安座。在地方收有很多契子，有鄭立今年就已93歲、現任主委鄭深池也是。

鄭仔寮聖寅宮

---

[66] 許丙丁、賴建銘、高崇熙、黃典權（1963），〈鹿耳門史料新探〉，《臺南文化》，第7卷第4期，頁28-30。
[67] 陳摻（第一世）→陳助（第二世）→陳大抱（第三世）→陳其成（第四世）→陳日田（第五世）→陳龍圖（第六世）→陳柏廷（第七世）。

天虎將軍聖誕日是農曆8月20日,中壇元帥聖誕日是農曆9月9日。

臺南土城鄭仔寮的俗諺:「較散咧虎爺(khê-sàn-leh hóo-iâ)。」形容土城鄭仔寮的虎爺公(天虎大將)是很富有的,土城的各角頭再有錢都沒有虎爺公來得有錢。

早期曾組有牛犁歌的陣頭參加土城香。

> 鄭仔寮在聖母廟屬第8選區,可產出信徒代表5位,廟方管理委員2位。
> 第13屆委員會鄭仔寮信徒代表有:鄭崑玉、陳和平、陳聖寶、方榮彬、蔡金玉。
> 管理委員2位:方英仕、陳常。

聖寅宮主祀
天虎大將

砂崙腳

▎砂崙腳地名釋義

　　砂崙腳位於土城子聚落中心的西北邊,隸屬於砂崙里。砂崙里內含有砂崙腳、頂十份塭、下十份塭等三個聚落。相傳古代在里內有一砂崙,因地理位置位於砂崙之下而得名,鄉民在此開墾定居,因而取名砂崙里。本里北鄰曾文溪,與臺南市七股區永吉里遙遙相望。西與青草里為鄰,東鄰學東里,南為城南里。

　　砂崙腳日治時期才開始陸化,附近村庄居民紛紛遷到此地結寮,從事墾耕。在日治初期1898年,土屋重雄的戶數人口統計只有11戶,85人,[68]到了日治末期的戶數統計已成長到170戶,各姓氏百分比統計分別是陳(66%)、王(9%)、黃(5%)、張(4%)、魏(4%)。[69] 2024年5月,砂崙里(砂崙腳+頂十份塭+下十份塭)統計有450戶,1506人。[70]

---

68 土屋重雄(1897),《臺灣事情一班》,頁315。
69 呂瑞祥(2010),〈鹿耳門溪沿岸地方開發的歷史變遷〉,國立臺南大學臺灣文化研究所碩士論文,頁113。
70 安南區公所2024年5月報表,蔡麗青議員提供。

清聖宮正殿

清聖宮前八家將收驚

壹｜土城仔香的歷史發展　67

各姓氏家族源流

屬一姓村，砂崙腳的陳姓來源有三支，主要有來自學甲中洲陳一桂家族，代表人物有陳壽享（1964～）；一支來自佳里南勢的陳姓家族，代表人物有陳慶法（1969～）；一支來自七股西寮陳姓，代表人物有陳信義（1956～）。

王家是從七股塩埕地仔遷移過來，有三大房，代表人物有王信德（1936～）[71]，其祖父王六（1889～1962）後來出家為證中和尚，是佳里善行寺的第二任住持。

地方信仰中心

砂崙腳清聖宮主神吳府千歲，為陳姓先祖由臺南七股西寮遷居砂崙腳時分靈而來，而李府大神則是分靈自佳里吉和堂，為本庄八家將之主神，民國88年（1999）完成廟宇興建總工程。

吳府千歲聖誕日是農曆9月15日。

地方自組陣頭：民國55年自組武陣八家將，館名則由庄神吳府千歲命名為吉勝堂。隔年（民國56年），吉勝堂參加正統鹿耳門聖母廟香醮並擔任駕前八家將至今。

---

[71] 上城祖王六（第一世）→王富（第二世）→王信德（第三世）→王三寶（第四世）→王中甫（第五世）→王耿懃（第六世）。

砂崙腳在聖母廟屬第 9 選區，可產出信徒代表 3 位，廟方管理委員 1 位。

第 13 屆委員會砂崙腳信徒代表有：陳榮派、陳文藝、王志堅。

管理委員 1 位：劉木智。

砂崙腳清聖宮

溪埔仔

溪埔仔地名釋義

　　溪埔仔居民祖先原本定居於曾文溪北岸開墾荒地，後來遷至南岸的海埔地，故稱為溪埔仔。位在學東里西側，城北路旁，民國35～66年原屬學西里，因人數過少，民國67年學西與學東二里合併成為學東里。[72]東起臺十七線濱海公路以西，西至城北路旁與砂崙里的頂十份塭相鄰，北至曾文溪堤岸，南至舊鹿耳門溪河道，今學甲寮中排以北的範圍。

　　溪埔仔的祖先來自西港、七股七十二份、樹仔腳、佳里塭仔內蚶寮等地，原本在曾文溪北岸開墾土地，後因曾文溪改道，沖毀原墾地、聚落，遂遷至曾文溪南岸海埔地，重新結庄，以黃姓為主的聚落，清代屬於西港仔堡學甲寮庄（為黃軍、洪理為首之十六股首黃日記之墾地）。

　　昭和4年（1929）嘉南大圳完工並興建曾文溪堤岸，居民再從河床內遷到堤外學甲寮的西側，與頂十份塭相鄰，當時僅有十多戶人家。後來遷至曾文溪南岸的海埔地，就以「溪埔仔」來命名。[73]

黃姓家族源流

一支代表人物有黃清滾（1937年生），其祖父黃塗從佳里外渡頭搬遷過來溪埔仔的，至今也傳衍至第五世。[74]

一支從七股七十二份遷移而來，代表人物有黃龍傑（1980～，鹿耳門高雄聖母宮總幹事），從其祖先黃老福開始至今已傳衍至第六世。[75]

一支從佳里蚶寮遷移而來：代表人物有黃茂水，[76]目前移居高雄，早期廟內李府千歲的乩童黃象為其伯父，從祖父黃在開始至今已傳衍至第五世。

一支從七股樹仔腳二房後代遷移而來，代表人物有黃國翔，從其先祖黃虎熊傳衍至今已至第五世。[77]

---

[72] 許淑娟等（1999），《臺灣地名辭書（卷廿一）臺南市》，頁441。
[73] 呂瑞祥（2010），〈鹿耳門溪沿岸地方開發的歷史變遷〉，國立臺南大學臺灣文化研究所碩士論文，頁155。
[74] 黃塗（第一世）→黃江山（第二世）→黃清滾（第三世）→黃億彰（第四世）→黃偉誌（第五世）。
[75] 黃老福（第一世）→黃郡（第二世）→黃文治（第三世）→黃順成（第四世）→黃龍傑（第五世）→黃宇璿（第六世）。
[76] 黃在（第一世）→黃才瓦（第二世）→黃茂水（第三世）→黃建銘（第四世）→黃琦綸（第五世）。
[77] 黃虎熊（第一世）→黃清火（第二世）→黃金池（第三世）→黃國翔（第四世）→黃笙祐（第五世）。

地方信仰中心

溪埔仔福聖宮，主祀：李府千歲，屬於南鯤鯓的王爺系統。昭和5年（1930），由黃焦、黃象、黃老福、黃遠、黃續、黃虎熊等12位先民們合議後，前往南鯤鯓代天府恭迎五府大將（大刀）前來守護。昭和8年（1933）再前往恭迎李府千歲金身成立千歲壇。民國36年，再恭迎城隍境主，並陸續恭迎天上聖母、鎮殿李府千歲、池府千歲、萬善爺公，一同來到溪埔仔地區守護莊民。民國73年福聖宮建廟安座落成。

每逢三年一科的土城仔香時，溪埔會以鼓花陣參加刈香遶境活動。

溪埔仔在聖母廟屬第10選區，可產出信徒代表2位，管理委員1位。
第13屆委員會溪埔仔信徒代表有：鄭信成、邱曜輝。
管理委員1位：陳福隆。

溪埔仔福聖宮

福聖宮正殿

福聖宮大刀

下十份塭

▌下十份塭地名釋義

　　下什份塭於土城仔的聚落中心點西北邊，隸屬於砂崙里，砂崙里內含有砂崙腳、頂十份塭、下十份塭等三個聚落。十份塭原位於曾文溪河床，聚落緊臨曾文溪而居，十份塭是塭仔名，後來再分出北邊的叫頂十份塭，南邊的叫下十份塭。

　　同治年間來自七股西寮的陳進發請墾，招來墾佃陳糖、黃澤等四柱佃首再招六人共分十份開墾，此地地名因共有四柱十戶聯合開墾而名曰「十份塭」。居民祖先大都為來自佳里外渡頭、七股西寮、學甲中洲之陳姓。[78]

　　十份塭在日治初期1898年，土屋重雄的戶數人口統計有38戶，209人。[79] 2024年5月，砂崙里（砂崙腳＋頂十份塭＋下十份塭）統計有450戶，1506人。[80]

　　由於緊臨曾文溪，長期遭受曾文溪的氾濫改道水患威脅侵擾之苦，十份塭的居民相當悲情，因此歷經多次遷村，昭和13年（1938）曾文溪整治工程進行再次遷庄，日本政府與十份塭村民議定換地遷居，十份塭居民從原曾文溪南側堤岸工程處，遷移到砂崙腳的東北邊新址地重新結庄，東北邊的大團塊稱為「頂十份塭」，一路之隔西南邊的小團塊稱為「下十份塭」，行政區域併入青草崙庄。[81]

居民經多次遷村遂四散遷居,最後一部份村人遷到溪埔仔,一部份村人則遷到砂崙腳附近,並分兩部份定居,北邊的叫頂十份塭,南邊的叫下十份塭。

聖安宮正殿

---

78 陳素雯（2005）,〈臺江內海浮覆地社會經濟變遷之研究——以臺南市安南區為例〉,國立臺南大學臺灣文化研究所碩士論文。
79 土屋重雄（1897）,《臺灣事情一班》,頁315。
80 安南區公所2024年5月報表,蔡麗青議員提供。
81 呂瑞祥（2010）,〈鹿耳門溪沿岸地方開發的歷史變遷〉,國立臺南大學臺灣文化研究所碩士論文,頁68。

下十份塭後由七股西寮籍的陳水勝帶著陳抄等3個兒子，外渡頭籍的陳直、陳印，箔仔寮籍吳誥、吳海、吳成、吳樹及部份其他聚落的人，以自有資金購買土地於此結庄傳衍後代。[82]

地方信仰中心

　　聖安宮位於安南區下什份塭，居民原本居於曾文溪河床的十份塭，日治水患遷移至此，民國80年（1991）建廟聖安宮奉祀謝府元帥。

　　謝府元帥的聖誕日農曆5月4日，中壇元帥的聖誕日農曆9月9日。

> 下什份塭在聖母廟屬第11選區，可產出信徒代表1位，廟方管理委員1位。
> 第13屆委員會下什塭信徒代表有：陳海蟬。
> 管理委員1位：陳祈富。

---

82 周宗楊、吳明勳（2016），《鹿耳門聖母廟土城仔香》，臺南：臺南市文化局，頁35。

下仔份塭聖安宮

聖安宮主祀謝府元帥

| 壹 | 土城仔香的歷史發展

蚵寮角

蚵寮角地名釋義

蚵寮角位於土城子聚落的中心地帶，隸屬於城中里，東與城北里、北與城東里、西與城南里等里交界。本里位於在安中路六段以西與郭岑寮相隔，青砂街61巷以東與虎尾寮為界，南到南耳門溪，北到圳溝，由於蚵寮角是在土城舊聚落五角頭裡是最晚成庄，當時也是人數最少的。由於郭岑寮是最早來的，人數比較多，所以在蚵寮仔角內有郭岑寮人的土地，郭岑寮的食水窟就在現土城農會信用部與土城海產店交界處，蚵寮角的食水窟則在現在的城中里活動中心。

由於蚵寮角大部分的庄民是來自臺南北門蚵寮的王姓、洪姓子弟，原鄉來自福建泉州晉江縣玉園鄉，當地人為了區分庄頭大小的語氣，他們都稱在地為「蚵寮仔」語尾音會多一「啊」字。也因為承襲北門蚵寮先祖從事漁業養蚵、牽罟、養殖維生。地名的形成，與「各家搭寮錢蚵成寮」的景觀有所關連。目前在蚵寮角還有一家養蚵戶（全家便利商店城西店對面），城西街一段58號的王家，尚有蚵民在此錢蚵。

在明治35年（1902）的蚵藔庄戶數人口調查是有11戶，87人。在日治末期的戶數統計是有40戶，各姓氏百分比統計分別是王（75%）、郭（15%）、洪（5%）、沈（3%）、曾（3%）。[83] 2024年5

月，城中里統計有387戶，1229人。[84]

王姓家族溯源

北門王姓裡面又分有八房王、五房王、四房王，目前得知以八房王的子孫較多。王姓的傳衍世系輩分：家、庭、元、秉、清、克、紹、前、光、慶、承、祖、武。

土城祖第一世是從王起（又稱王豈，1839年生）開始，以王三榮為例，他家自土城祖王起開始已經傳衍至第六世。[85]

洪姓家族溯源

土城祖第一世是從洪昆和（1875～1923）、洪天來兄弟開始，其父親洪兵則是留守在北門蚵寮居住，由洪昆和（兄）帶洪天來（弟）一起過來土城奮鬥。以洪竹義為例，他家自土城祖洪昆和開始目前已經傳衍至第六世。[86]

---

[83] 呂瑞祥（2010），〈鹿耳門溪沿岸地方開發的歷史變遷〉，國立臺南大學臺灣文化研究所碩士論文，頁113。

[84] 安南區公所2024年5月報表，蔡麗青議員提供。

[85] 王姓土城祖王起（豈）（第一世）→王省（第二世）→王坐（第三世）→王來福（第四世）→王三榮（第五世）→王柏堯、柏森（第六世）。

[86] 洪姓土城祖洪昆和（第一世）→洪財枝（第二世）→洪萬程（第三世）→洪竹義（第四世）→洪榮茂（第五世）→洪嘉良（第六世）。

葉府大千歲會降靈於洪姓家族是從採「洪昆和」為乩童開始，行醫濟世，不分族群與區域，施方無數，從其百年以上的神像掛的銀牌「大千歲爺溪頂藔眾弟子叩謝」，「藔」是採古字用法，大正9年（1920）後去部首的字邊「亻」與「艹」，「藔」→「寮」就足以證明其歷史悠久。葉府大千歲的聖誕日是農曆4月1日。

蚵寮角神明會南鯤鯓進香

蚵寮角神明會

　　蚵寮角神明會主祀：李府千歲、李府夫人、朱府千歲、觀音佛祖。蚵寮角還保留以擲聖杯最多為爐主輪祀的方式來祭祀，耆老王平和（1946年生）回憶說：當初他們王姓與洪姓先祖是從北門蚵寮一起過來土城的，也從南鯤鯓代天府請來了五府千歲的神像。初以爐主方式輪祀，目前王姓是以拜李府千歲、觀音佛祖為信仰中心，洪姓宗族是以拜葉府大千歲為信仰中心。

　　李府千歲的聖誕日農曆4月26日，觀音佛祖的聖誕日農曆2月19日，葉府千歲的聖誕日農曆4月1日。

地方自組陣頭：土城香武陣中最早成立的陣頭，自昭和14年（1939）自組宋江陣，民國50年成立土城香後，將宋江陣演變成宋江白鶴陣，民國108年榮獲臺南市文化無形資產授證。

> 蚵寮角城中里在聖母廟屬第12選區，可產出信徒代表8位，廟方管理委員3位。
> 第13屆委員會蚵寮角信徒代表：李民宗、王嘉億、洪國寶、洪志斌、洪煌霖、郭美容、王聰仁、洪乾智。
> 管理委員3位：王增榮、王國勝、王平和。

蚵寮洪姓宗族神明會

正統鹿耳門聖母廟

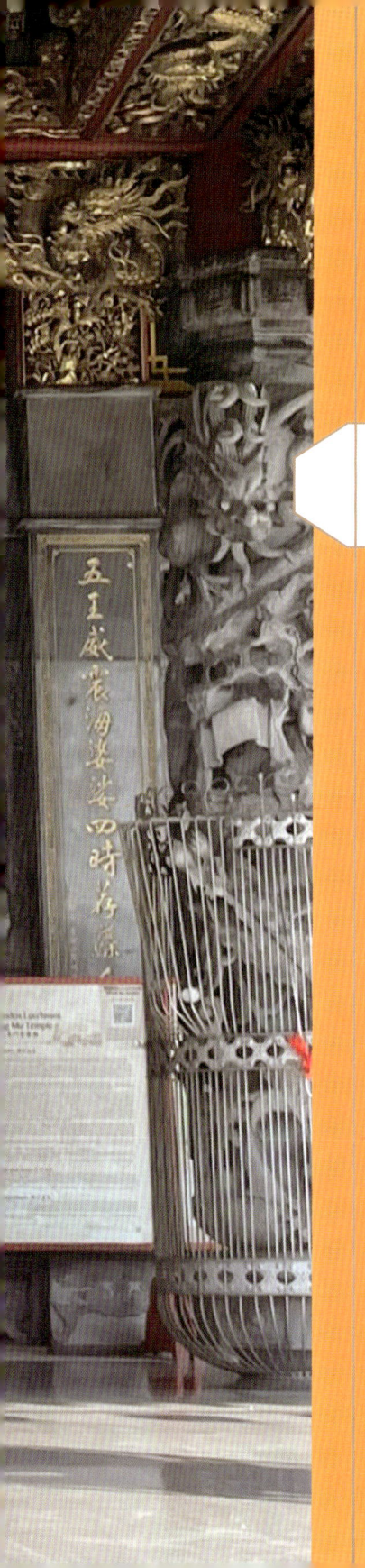

貳

香醮前的
準備工作與儀式

I

醮前準備工作

本節以民國103年（2024）「甲辰科土城香」的籌辦時程與事宜為例，記錄香醮前的各項準備工作與相關儀式，一探籌辦香科是如何之慎重，以及參與籌辦者的誠心虔敬與勞心勞力。

香醮委員會成立——半年前

民國102年（2023）6月5日上午10時舉行「甲辰科土城香建醮辦公室」啟動揭幕儀式，由聖母廟主委王增榮擔任甲辰科香醮總會長、聘請胡世澤擔任總幹事，並宣告土城香63年來首度的改變，開放「五大主會首」讓外界人士可以參與。

之前都是土城內的角頭用擲杯的方式來杯選出五大會首，並預告後面的八月「土城香文史營」、十月「搏主會」、十二月安座慶典與明年元宵更將結合土城香的武陣進行聯演，將熱鬧登場。出席的副市長葉澤山表示：「土城香」香醮合一且陣頭豐富，舉凡「宋江陣」、「金獅陣」、「白鶴陣」、「八家將」、「百足真人蜈蚣陣」，成員近千人都不是職業陣頭，而是地方同心協力組成，此外，參與的友宮愈來愈多、神轎都超過百頂，凝聚地方向心力，具宗教、文化意義。

香醮委員會成立

搏五大主會

| 貳 | 香醮前的準備工作與儀式　85

置天案：擲杯選道長、手轎腳

▍杯選道長——民國102年（2023）9月19日

　　鹿耳門聖母廟甲辰科土城香的道長遴選，全國各地的道長都可以來報名，最後進入決選有王浤儒、吳政憲、鍾昂翰道長，依往例由土城香醮總幹事胡世澤代表擲杯產生最高聖杯者為榮任者，香醮委員會先將3位道長的資歷分別置於供桌案前，大家焚香上稟媽祖今日杯選道長之事，片刻後由司儀依序唱名，由胡世澤總幹事擲杯，在眾人公開見證之下擲出鹿耳門媽中意的道長，最後由吳政憲道長雀屏中選獲得甲辰年土城香主行道長一職。

公開杯選道長，吳政憲道長雀屏中選

由桌頭謝清安負責看字轉譯媽祖的指示

由第二組鄭信榮、蔡清龍勝出膺選

杯選手轎腳——民國102年（2023）10月9日

　　由於明年（2024）香醮有所改變，開放五大主會可由境外人士來參加，所以香醮委員會的一些決定，都會透過公開見證的儀式來請示鎮殿大媽，以昭公信，所以為公平起見，下午三點香醮委員會，由胡世澤總幹事擲杯選出往後要觀轎的轎手，名單有2組，分別是第一組：蔡清德、王有進，第二組：鄭信榮、蔡清龍，最後由第二組鄭信榮、蔡清龍勝出膺選（上一科也是他們二位）。

　　杯選過程由桌頭謝清安負責看字轉譯媽祖的指示，往後的神明指示決議將做成紀錄，並公開錄影。

置天案：玉帝欽定五大會首──民國102年（2023）10月29日

農曆9月15日是吳府千歲聖誕三王生，往昔三年一科的禳災祈安香醮的五大主會的殊榮只給土城香轄境內民眾參與，今年（2023）首度開放外界「搏主會」，獲得廣大的討論與期待。

五大主會分別為「大主會（主會）」、「二主會（主醮）」、「三主會（主壇）」、「范王會（主普）」、「五主會（三官首）」，杯選過程熱烈，最後由全強環球股份有限公司林國偉董事長以四聖杯獲選為大主會，竹香園創辦人張獻元董事長以四聖杯獲選為二主會，一哥水產行陳慶和董事長五聖杯獲選為三主會，李約伯董事長獲選為范王會、臺灣守護文創陳仁昌董事長獲選為五主會。

雖然主會首開放由外界擔任，但主醮壇與過去相同，設在正統鹿耳門聖母廟的轄境十一角頭內。會首擇選完畢後，王增榮主委繼續杯選各主會負責的角頭：大主會由下什塭仔、溪埔仔、砂崙腳，二主會由虎尾寮、鄭仔寮，三主會由中洲角、土城角，范王會由郭岑寮、蚵寮角、五主會由港仔西、青草崙，十一角頭共同齊心完成香醮。

香醮委員會將甫選出之五大會首的生辰八字呈報玉皇上帝，再擇時觀轎選定香醮日期，正式展開「土城香」的各項籌備事宜。

玉帝欽定五大會首（置天案）

五大會首的生辰八字
呈報玉皇上帝

| 貳 | 香醮前的準備工作與儀式

媽祖降駕：定出香科行事日課──民國102年（2023）11月10日

鹿耳門鎮殿大媽降駕擇日，欽點盛事甲辰科日課有重大改變！跟往昔不同，「土城香」日期大幅提前。本科足足提早二十天，也因此「土城香」成為南瀛五大香的「首發」。

媽祖以轎字指示：「今日向眾爐下說明，第一：因為這次五主會的轉變，所以這科看的日期，比前科較早。第二：香科日期乃吾神領旨，日期盡量不要更改；第三：如有問題在今提出。甲辰科香醮日課，定於三月三日巳時至午時。」

隨後一一擇訂各項香醮日課、行事細節，香醮委員會也依照媽祖欽定的日期造冊、製作行事表，依時序期程完成媽祖的指示。

科儀項目	國曆日期	農曆日期	星期	時辰
造艦醮場	2月21日	正月十二日	三	巳時
造王府	2月21日	正月十二日	三	巳時
豎燈篙南北向	3月12日	二月初三日	二	卯時
王船消艍	3月14日	二月初五日	四	卯時
造普渡場	3月15日	二月初六日	五	子時
換新襖	擇吉日			吉時
王船取水	4月1日	二月廿三日	一	辰時
王船出塢	4月2日	二月廿四日	二	巳時
醮事起鼓	4月11日	三月初三日	四	巳時
頭日香	4月12日	三月初四日	五	卯時
二日香	4月13日	三月初五日	日	卯時
尾日香	4月14日	三月初六日	六	卯時
普渡植福	4月13日	三月初五日	日	吉時
王船入塢	4月20日	三月十二日	六	巳時
謝燈篙東西向	4月21日	三月十三日	日	巳時
謝王府	4月20日	三月十二日	六	巳時

甲辰科香醮日課行事表

II 香醮訪宮與請佛

▌土城仔香請佛，媽祖的感恩之旅

請佛鑑醮文化，是土城仔香的一大特色，聖母廟管委會需先花費5天的時間，虔備鮮花、金、香、燭、走訪友境宮廟禮貌性拜訪，邀請大家來共襄盛舉，待回覆確定會參加醮典後，再擇日進行請佛鑑醮的儀典，「土城仔香」的請佛文化，分析其脈絡，其實是一趟媽祖的感恩之旅。

▌請佛鑑醮10類訪宮

請佛鑑醮訪宮，大概可分為10類：

（一）恩情廟：海安宮、水仙宮，昔時有三郊海安宮寄佛、三郊水仙宮寄普的恩情。

（二）三郊廟：早期同屬三郊組織管理的廟宇如：營仔腳朝興宮溫陵廟、臺南大天后宮。

（三）主壇廟：海尾朝皇宮。

（四）先鋒廟：學甲寮慈興宮掛香科的開路先鋒。

（五）交陪廟：安定保安宮、安平開臺天后宮、鄭成功祖廟等。

（六）分靈廟：大銃街糖安宮、寮內雙良宮等。

（七）王船同源脈絡：七股龍山宮金府三千歲、青鯤鯓朝天宮代巡七王、澎湖海靈殿蘇府王爺。

（八）臺江16寮廟：本淵寮朝興宮、總頭寮興安宮、陳卿寮保山宮、中洲寮保安宮、什二佃南天宮等。

（九）溪北地緣關係：馬沙溝李聖宮、三股龍德宮、樹子腳寶安宮等。

（十）師生保舉關係：南興萬聖公廟、港仔西鎮海宮等。

香醮啟動至交誼廟訪宮，邀請參加盛典

香醮啟動至交誼廟請佛，主壇廟海尾朝皇宮

貳 ｜ 香醮前的準備工作與儀式　93

香醮啟動至交誼廟請佛，開路先鋒官學甲寮慈興宮

澎湖海靈殿參加香醮

III

三郊請佛鑑醮

由於三郊的海安宮、水仙宮與鹿耳門聖母廟，早期都屬三郊管理，二廟對聖母廟有寄佛與寄普之恩情，屬聖母廟的「恩情廟」，所以特別的受到重視。

重現「三郊合」五廟大團結──民國103年（2024）4月6日

今年（民國103，2024）3月，剛好是三郊鎮港海安宮與三郊臺郡水仙宮二廟冰釋前嫌，和好復誼，「天時地利人和」土城仔香的舉行，也促成三郊五廟──鹿耳門聖母廟、營仔腳朝興宮溫陵廟、鎮港海安宮、臺郡水仙宮、祀典大天后宮──的大團結，鹿耳門聖母廟也特由鎮殿二媽入府城，來請佛鑑醮以示尊崇。

上午10點半，臺南正統鹿耳門聖母廟出發，在媽祖殿團拜後，由葉澤山副市長、民政局長姜淋煌及聖母廟主委王增榮、五大主會等人共同扶轎下出發入府城三郊請佛。並由土城聖母廟在地的四大武陣──蚵寮角宋江白鶴陣、虎尾寮伍聖宮宋江陣、郭岑寮聖岑宮金獅陣、砂崙腳清聖宮吉勝堂八家將──護駕之下，進行一整天的三郊請佛的行程。

三郊水仙宮請佛

請佛專用的聖駕車

由葉澤山副市長、民政局長姜淋煌及聖母廟主委王增榮、五大主會等人共同扶轎下出發入府城三郊請佛

三郊海安宮請佛

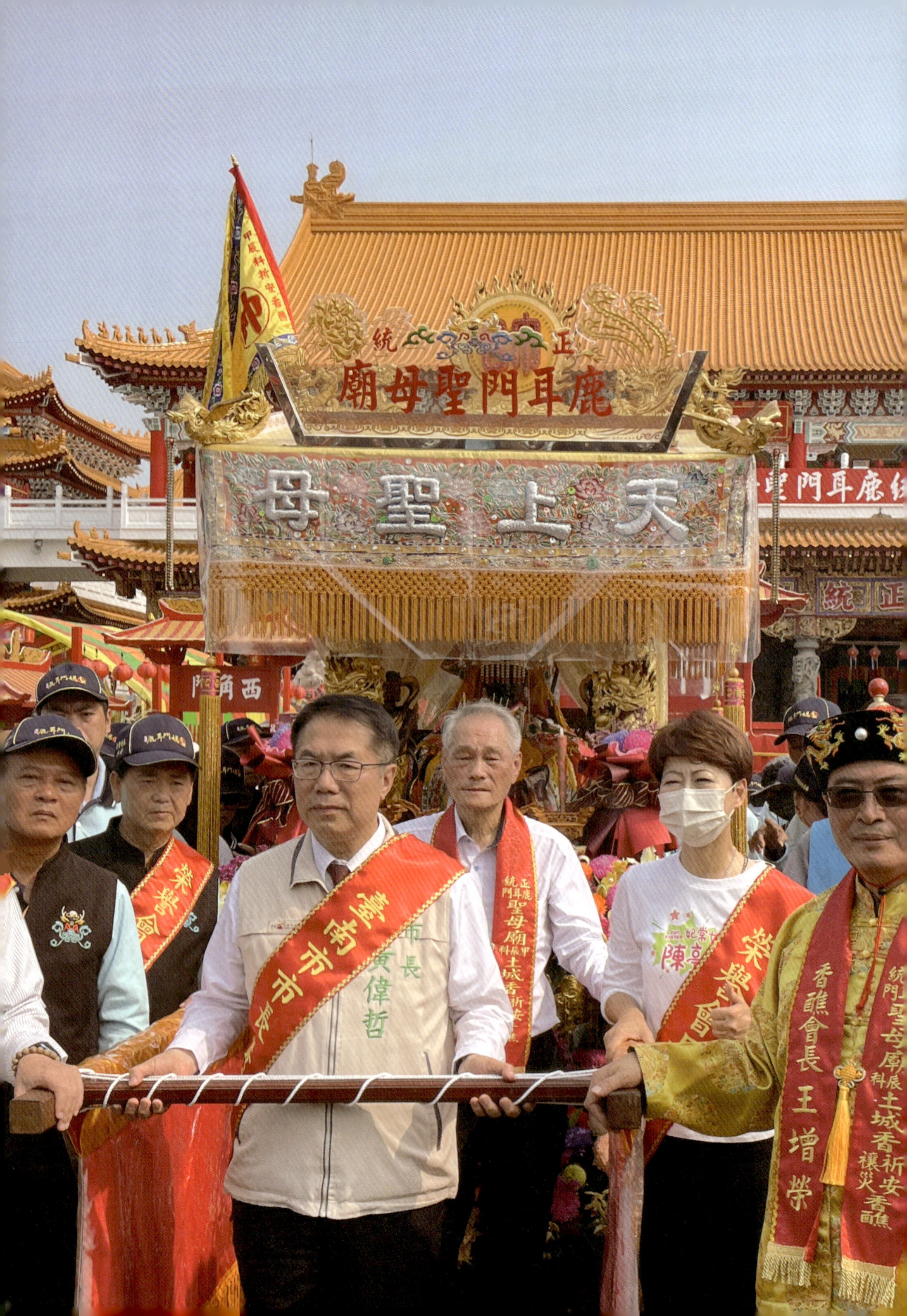
正統
鹿耳門聖母廟
天上聖母
臺南市市長
市長 黃偉哲
香醮會長
王增榮

參

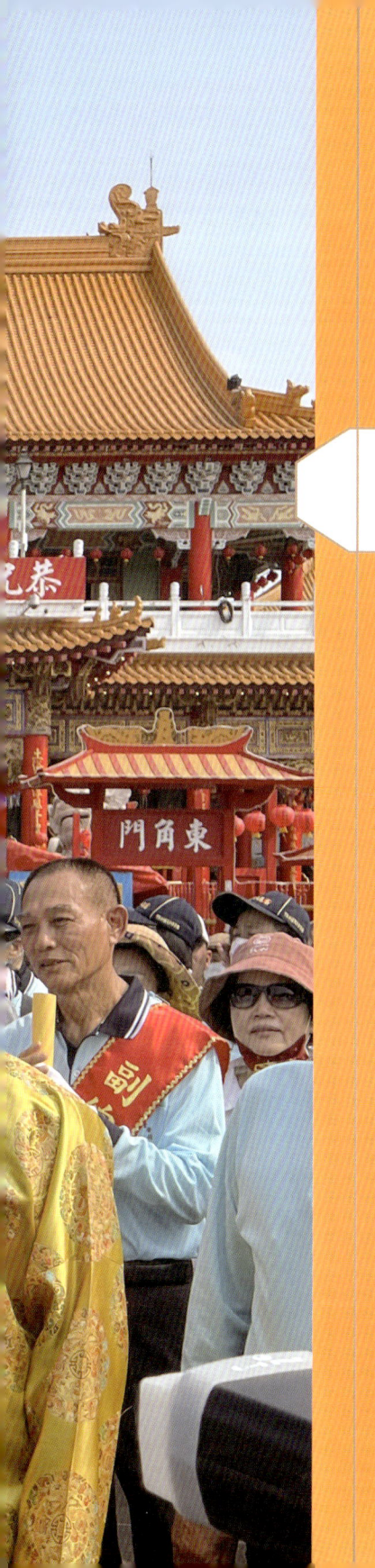

鹿耳門媽香

I

陣頭文化與儀式

土城地方基於對恩主天上聖母、五府千歲、代天巡狩、西天佛祖的共同信仰，善盡角頭應盡的職責，由地方子弟自組發起團練組陣，隨駕擔任開路先鋒，壯大的規模與聲勢來彰顯神恩，護衛恩主巡狩社里熱鬧共榮，以祈求地方平安和諧、神人和樂的美好祈求，反應出地方族群的凝聚團結與對聖母廟的宗教信仰向心力。在臺灣社會少子化愈來愈嚴重之下，地方自組陣頭還能保存下來，是地方信徒對信仰的具體實踐，是非常珍貴的文化資產。如黃名宏老師兼教練的研究所言：

> 祭典期間，傳統陣頭除了發揮隨扈助威、護主保駕之基本任務，亦以收驚、制解、發彩、清厝、巡掃等具體的儀式行為協助千歲爺及各庄主神實踐綏靖地方之使命，滿足當地信眾消災解厄、驅淨祈安的訴願。[87]

▌土城武陣入館的特色——雙神保護

聖母廟香醮的啟動，角頭內的五大武陣就會進入緊鑼密鼓的操練，依照土城香醮在二建舊廟時的傳統，庄內各武陣的入館，除各角頭廟有自己的陣頭神（田都元帥、宋江爺）外，還必須請到聖母廟內開基佛前來坐鎮。聖母廟內的重要神祇是各自都有其

責任區域,必須前往各有武陣的角頭,監督關照武陣的操練與平安,這可看出聖母廟媽祖對各角頭武陣的重視。

◎郭岑寮金獅陣請老三王

◎蚵寮仔白鶴陣請老范王

◎虎尾寮宋江陣請老池王

◎西北寮蜈蚣陣請大佛祖

◎砂崙腳八家將請出巡三王

◎土城蚵寮角宋江白鶴陣

◎土城郭岑寮聖岑宮金獅陣

◎土城虎尾寮伍聖宮宋江陣

◎土城青草崙紫金宮百足真人蜈蚣陣

◎土城砂崙腳清聖宮八家將

◎開路先鋒——學甲寮慈興宮宋江陣

◎主壇——海尾朝皇宮宋江陣

郭岑寮金獅陣入館

郭岑寮金獅陣請聖母廟開基老三王前來坐鎮

87 黃名宏(2009),〈吟歌演武誓成師——西港仔香境傳統陣頭的宗教性格〉,國立臺南大學臺灣文化研究所碩士論文摘要。

蚵寮角宋江白鶴陣

　　土城香武陣中最早成立的陣頭，蚵寮角在昭和14年（1939）聘請布袋「周回」師傅來成立武館，教授村民習武以保衛家園，光復後民國35年為參加西港香，聘請安定大搵師來教授宋江陣，成立土城蚵寮角宋江陣。

　　民國38年西港國小發生尬陣事件，民國47年土城脫離西港香，民國50年成立土城香，當時本庄主事者「王老陣」等人，連續三天夢到大榕樹下（現在活動中心入口處）來了一位白髮蒼蒼

蚵寮角白鶴陣

的老者坐鎮，前面有隻大白鶴及童子在此玩耍，連續數天，因此主事者商量請示主神李府千歲，千歲指示：是樹仔腳白鶴仙師、白鶴童子要來協助，故將宋江陣演變成宋江白鶴陣，並聘請何國昭師傅擔任貢對、空手連環的教練，並請七股樹子腳白鶴陣的黃師傅來教授白鶴與童子的弄法，但神明指示須保留宋江旗、斧以及練法和腳巾顏色（黃）以示不忘本。

民國108年，榮獲臺南市無形文化資產授證。

白鶴陣請開基范王

郭岑寮聖岑宮金獅陣

　　郭岑寮金獅陣在民國35年（1946）創陣，早期是參加西港刈香擔任土城正統鹿耳門聖母廟的駕前護衛陣頭，延續至今。議長郭信良的父親郭錦聰（1934年生）是第一科郭岑寮金獅陣的獅旦，現在則是固定參加土城香（三年一科的土城香）之慶典活動，為重要武陣之一。

　　金獅陣師承：聘請管寮的郭憨條師、郭羅漢師前來教導金獅陣法，是為黃腳巾系統。建立有「陣式簿」得以流傳。武術教導為土城女婿「玉師」蔡玉臨來教導。武術、兵器對打有規劃套招。武術方面早期清一色都以玉師所傳授春桃鶴為主軸，後期有再請綽號外省師來教華光拳，目前由顏大鎰指導太祖、永春、羅漢、金鷹、白鶴以及五祖拳。

　　獅頭皆以傳統方法自製，保留有第一代翻砂鑄造的獅頭，後來延請臺南武廟前的魏俊邦糊紙國寶藝師製作獅頭，後來本庄人傳襲下來，郭岑寮獅頭為蓮霧鼻，是其造型特色，每個時期的獅頭都有保存下來。

　　郭岑寮金獅陣特色，陣式緊湊有快慢節奏，除了穿五方陣法行走，其餘陣式都以快跑行徑走位，並且保存著龍捲水和龍吐鬚陣式。

郭岑寮金獅陣

郭岑寮金獅陣
請老三王坐鎮

虎尾寮伍聖宮宋江陣

　　虎尾寮宋江陣於民國35年（1946）創陣，創立初期聘安定新吉（新庄）吳狂、本庄蔡首兩位老師共同傳授武術指導而成立，護駕鹿耳門媽祖參與西港慶安宮香醮，出巡七十二庄收香案。

　　民國47年土城聖母廟脫離西港香後，民國48～49年連續二年自行出巡遶境安南區16寮是由虎尾寮伍王爺（伍子胥）擔任鹿耳門媽祖出巡安南區的先鋒官，伍聖宮內尚留有先鋒旗，虎尾

虎尾寮伍聖宮宋江陣

寮是土城十一角頭內人口最多的角頭,主要成員是虎尾寮庄內子弟,除團練健身外,對於聖母廟有共同的信仰。

民國70年代,虎尾寮宋江陣是臺灣第一個前往總統府表演的武陣,參與國慶典禮地演出,目前由王榮廷總教練並下轄有5位教練們嚴格訓練下,以治軍嚴謹著稱,腳步手路虎虎生風,還有在暗舘傳承下一代,屬紅腳巾系統。

虎尾寮伍聖宮宋江陣請開基池王

青草崙紫金宮百足真人蜈蚣陣

　　民國47年土城仔脫離「西港香」，決議自行舉辦刈香活動，鹿耳門天上聖母暨代天巡狩自民國48～50年連續三年出香巡視安南區16寮遶境巡安祈福，首科香醮於民國50年正式成香，民國53年正式由青草崙（西北寮角）負責組蜈蚣陣。當時媽祖有交代這蜈蚣陣必須請西天佛祖來幫忙庇佑才有辦法成陣，所以西天佛祖佛像是坐在蜈蚣頭後的首先位置，由西天佛祖帶路。

　　蜈蚣頭、蜈蚣尾共2公尺，是固定形制（材質是鉎鉛，彩繪而成），平時是供奉在佛祖殿二樓大士殿之正殿神龕鎮殿佛祖之旁邊共享香火，頭尾只有在架棚裝設時才會短暫分開，是沒有在火

土城青草崙紫金宮百足真人蜈蚣陣

百足真人西天佛祖鎮壇

化,百足真人蜈蚣陣屬於武陣,領有玉旨,掌有帥旗、七星劍,神童帶有兵器。

蜈蚣陣要有108吉數的涵意,合36天罡72地煞。固定36節,坐在蜈蚣陣上的36位仙童合36天罡,二個扛工走在地上合72地煞,共108人組成,蜈蚣需做開光儀式,由佛祖親自降駕主持(一對手轎腳三天隨祀在旁)。

蜈蚣陣上扮演神童的小朋友,主要來自土城青草崙的子弟輪流換班出任神童,屬於世襲制,由每柱的家族(3～4戶或5～6戶家族)負責一個兒童與二個扛工,並傳承留有每個角色的裝閣整套服裝(頭盔、袍服、鞋子)。兒童須粉面化妝成為神童,佛祖並會點兵點將(佛祖開符水讓神童喝爐丹),用於巡掃清淨香路,沿路驅邪伏魔,到廟時會捆廟三圈,還會讓庄民「鑽蜈蚣腳」,來消災解厄趨吉避邪。

砂崙腳清聖宮八家將

民國55年（1966）砂崙腳庄為了參加丁未年土城正統鹿耳門聖母廟之香醮，庄民便決議成立八家將，於是前往佳里邀請吉和堂教練黃水波、黃錦輝及助教黃震星前來教授指導，家將館名則由庄主吳府三千歲命名為「吉勝堂」。

隔年（民國56年），吉勝堂便參加土城正統鹿耳門聖母廟香醮並擔任駕前八家將。民國77年，因黃水波老師父將近80歲，才將教練之職交予黃震星（總教練）、黃震銘（副教練）兄弟二人。民國88年清聖宮建廟落成後，對外便以清聖宮八家將之名出陣。

清聖宮八家將是屬於東嶽仁聖大帝、地藏王菩薩之部將，並奉祀李府大神為家將頭，成為土城香醮主要陣頭與駕前護衛，保有鹿耳門媽祖欽賜之「駕前八家將龍虎戰旗」，協助鹿耳門媽香醮出巡任務。李府大神近60年來領導有方，於2023年功果圓滿，晉昇榮爵「八府巡按」並雕刻李府大神金身。八家將陣法陣式的展演遵行五行八卦原理，分有「二儀四象」、「四門」、「七星」、「八卦」、「雙龍拜塔」等，並配合信徒需求提供收驚解厄、清宅及友宮開廟門工作。

家將成員全由砂崙腳庄內人員組成，家將成員（包含鑼鼓、戰旗、護陣人員）動員人數約30～40人，年齡橫跨老中青三代（15歲至65歲）。

土城砂崙腳清聖宮八家將

土城砂崙腳八家將早期是聖母廟的出巡三王來坐鎮,自己建廟清聖宮後,就由廟主神吳府三王爺自行守護

參｜鹿耳門媽香

香科開路先鋒——學甲寮慈興宮宋江陣

　　學甲寮慈興宮宋江陣成立於民國38年，為配合廟宇神明出巡遶境，地方民眾決定在庄裡自組防衛隊伍，當時由本地學甲寮黃水拋先生提議而發起成立宋江陣，隨後至曾文溪岸請火，恭請田都元帥降駕指導陣法，並在宮內設立宋江館以奉祀宋江爺。當時是請到竹港村（麻豆寮與竹仔港）黃勇、林屋兩位師傅前來傳授兵器操練及拳路，陣頭排練則由竹港村後代黃有義師傅與楊勝忠師傅（1962～）指導，屬綠腳巾系統。黃有義師傅仙逝後由楊勝忠師傅擔任總教練，並栽培許建志（1972～）、黃丞佑（1992～）

香科開路先鋒——學甲寮慈興宮池府千歲宋江陣

學甲寮慈興宮九鑾元帥
（天神）坐王神

二位人才為教練，薪火相傳，讓學甲寮宋江精神源源流傳。

　　學甲寮慈興宮與正統鹿耳門聖母廟交陪深厚，民國47年當時的土城保安宮（聖母廟二建的廟名）與西港慶安宮斷香後，退出西港香，學甲寮也跟著一起退出。後來學甲寮慈興宮池府千歲受鹿耳門媽邀請，並於民國53年開始擔任正統鹿耳門聖母廟三年一科香醮之開路先鋒，於香科前必設香案稟報上蒼，偕同九鑾元帥（天神）一同領軍綏靖地方，至今已歷一甲子60年，學甲寮慈興宮宋江陣擔任池府千歲的駕前武陣每逢香科必往鹿耳門聖母廟進行「開館」儀式，隨身護衛，保駕助威，名揚天下。

　　宋江陣表演陣式如下：發彩後由頭旗帶圈、採籤開五門、排陣、開斧、開旗、單人兵器、拳頭表演、蜈蚣陣、兵器對打、空手連環、最後以八掛陣作為收尾。值得一提的是，田都元帥及西港慶安宮千歲爺也曾降駕下來指導陣法，所以學甲寮宋江陣的開旗斧跟清圈有其特有動作，以神人合一的方式來展現武陣之護衛威武佑安之職。

香科主壇──海尾朝皇宮宋江陣

　　清末日治初期，沿海地區盜匪集結，時常掠奪各地村莊，海尾也不幸遭殃。耆老相傳，明治33年（1900）吳營被海賊劫殺，享年69歲，海尾村民決議籌組武裝自衛隊來保衛地方安全，聘請七股「頂山仔宋江陣」來自大陸的師父「徐士金」率弟子「陳德籃」來海尾傳授宋江陣，抵禦海盜劫莊，保衛海尾地區之安全。

　　不過頂山仔宋江陣專屬的黑腳巾不外傳，因此海尾宋江陣改使用「深藍腳巾」。

土城香科主壇海尾朝皇宮宋江陣

海尾朝皇宮宋江陣

　　宋江陣成立後，不只保衛村莊安全，也參與神明慶典，自然成為境主保生大帝的駕前護衛隊。戰後，由海尾第一代宋江腳「許加再」、「吳丁薦」等人，再傳承至陳卿寮、溪頂寮、總頭寮、南路寮等村莊，除溪頂寮後來改用黃腳巾外，其餘皆傳承海尾的深藍腳巾。超過百年歷史的海尾宋江陣，隊員勇猛剽悍，平時訓練紮實，名聲響亮，迄今其盛名更有「不曾看過海尾斧，也要聽過海尾鼓」的俗諺流傳。[88]

---

88 海尾朝皇宮宋江陣耆老吳國豐（1957～）提供資料。

II

鹿耳門媽出巡遶境

▍鹿耳門媽香的起源

　　鹿耳門聖母廟自民國47年（1958）與西港慶安宮斷香後，土城聖母廟信眾於民國48年（1959），鹿耳門媽置天案向上蒼領「出巡16寮」的玉旨，並擲出主壇老師為海尾朝皇宮保生大帝，鹿耳門天上聖母暨代天巡狩自民國48～50年連續三年出香巡視安南區16寮遶境巡安祈福，在民國50年（1961）正式成香。當時報紙都有報導。

▍出巡香路的變遷

　　「土城仔香」鹿耳門媽出香遶境之區域，由曾文溪下游南岸的安南區各庄頭，逐漸延伸至曾文溪北岸的七股、佳里、將軍等三鄉鎮。歷經歲月的發展，香境橫跨曾文溪的南北兩岸，香路全程長逾一百公里，香陣近百。

　　筆者依其歷史的發展與香路的變遷，概分為三個時期：

（一）出巡臺江16寮時期：從民國47～65年（1958～1976），二建舊廟保安宮時期。

② 出巡溪北、土城地區：從民國68～89年（1979～2000）。

③ 出巡溪北、臺江16寮、土城地區：從民國92～113年（2003～2024）。

出巡臺江16寮時期：民國47～65年，二建舊廟保安宮時期

自民國48年（1959）起連續三年，鹿耳門聖母於農曆三月媽祖聖誕前，鹿耳門媽開始自行出香遶境巡視安南區16寮，土城角頭內信眾自行香陣隊伍，並邀請臺江16寮的廟宇參加成香。

民國48～49年連續二年由虎尾寮伍王爺擔任開路先鋒官，民國50年（1961）歲次辛丑，開始啟建辛丑科首科禳災祈安香醮，逢丑、辰、未、戌年農曆三月中旬舉行，成為定例，是以鹿耳門媽香、五府千歲醮，香醮合一的方式來進行。當年是四草大眾廟鎮海元帥擔任開路先鋒官，昔時鹿耳門媽祖出巡遶境的路線是以臺江安南區16寮為主。

民國53年甲辰科祭典遊行路關表

首日香　國曆5月2日／農曆3月21日

方向：本廟向東出發（薛仁貴征東）

路線：經由本淵寮→陳卿寮→南路寮→溪頂寮→寮內→
　　　糖宮內→金安宮→水仙宮→海安宮→鹽水溪橋→
　　　海尾廟→回本廟

二日香

方向：本廟向北出發（羅東掃北）

路線：經由學甲寮→溪南寮→公塭仔→十二佃→溪心寮
　　　→總頭寮→布袋里→中洲寮→外塭二廟→五塊寮
　　　→中洲寮→舊和順→新和順→本淵寮廟→學甲寮
　　　→農場寮→回本廟

尾日香

方向：本廟向西出發（薛丁山征西）

路線：經由虎尾寮→蚵寮→鄭仔寮→港仔西→青草崙→
　　　砂崙腳→頂十份塭→溪埔寮→入土城仔→在學校
　　　小休→大同米廠→回本廟

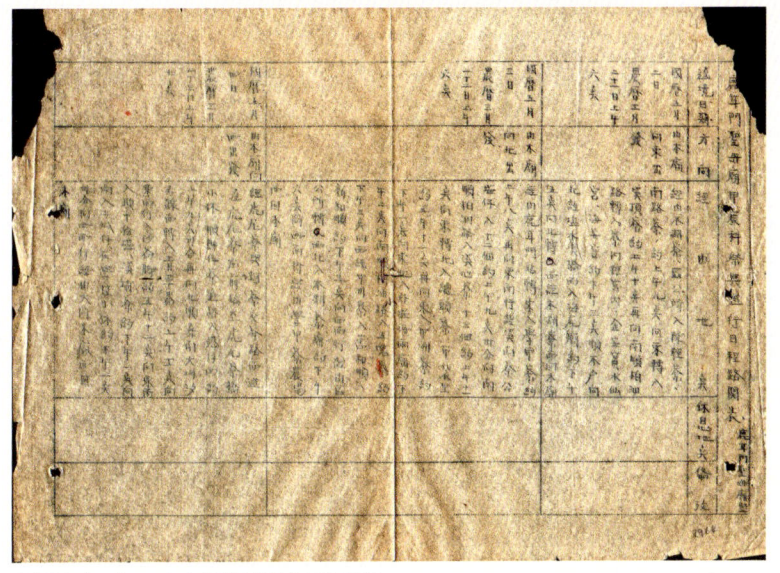

民國53年（1964）刻鋼版印刷的路關表

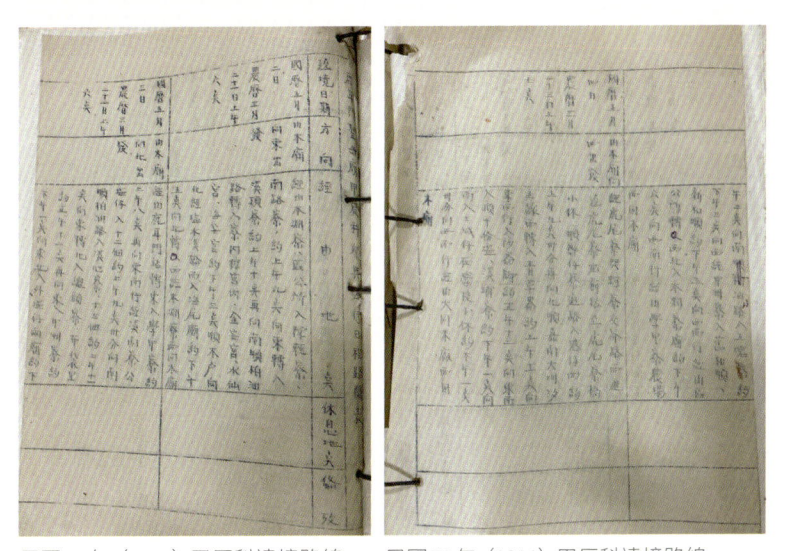

民國53年（1964）甲辰科遶境路線　　民國53年（1964）甲辰科遶境路線

參｜鹿耳門媽香　119

民國56年丁未科祭典遊行路關表

首日香　國曆4月16日／農曆3月7日

方向：本廟向北出發

路線：經由學甲寮入公塭仔→什二佃→新寮仔→公親寮→中崙→外塭仔→五塊寮→布袋里→總頭寮→什三佃→溪心寮→回本廟

二日香

方向：本廟向東出發

路線：經由本淵寮→草湖寮→南路寮→新和順→舊和順→溪頂寮→溪仔墘→海尾寮→回本廟

尾日香

方向：本廟向西出發

路線：入城中里→城南里→鄭仔寮→港仔西→青草里→砂崙里→下十份塭→頂十份塭→學甲寮→溪埔仔→城東里→國校休息→土城角→城北里→回本廟

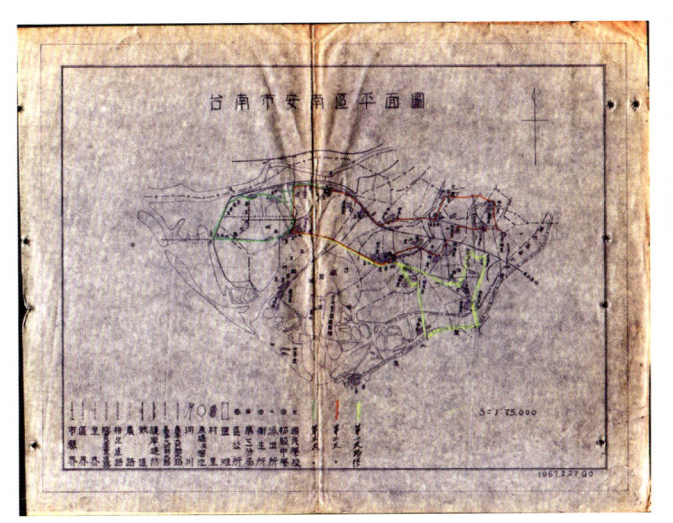

臺南市安南區平面圖1970年代早期路關圖　　　聖母廟董事長蔡文蛟與陳安合影

　　從歷科（民國50～65年）鹿耳門媽香出巡遶境的範圍都以安南區16寮為主，這時候都是在蔡文蛟董事長的任內。

出巡溪北、土城地區：民國68～89年

　　因政治因素的影響，民國68年（1979）己未科開始出巡路線有了重大改變，開始跨過國聖橋轉向出巡到溪北地區（民國68年三建新廟已具雛型），這時候還是蔡文蛟董事長的任內。

民國68年己未科祭典遊行路關表

首日香 國曆4月13日／農曆3月17日

方向：土城香首次有跨過國聖橋入溪北

路線：龍山村→七股村玉成→三股入十份村→永吉→回本廟

二日香

路線：砂崙腳入新廟（三建）→下十份塭→頂十份塭→學甲寮→溪埔寮→中州角→土城角→郭份寮→回本廟

尾日香

路線：蚵寮→虎尾寮→鄭仔寮→港仔西→西北寮→砂崙腳→回本廟

民國68年（1979）
己未科聖母出巡日程表

民國71年壬戌科（吳進家董事長開始）三建大廟完成

委員分三組人員訪宮，分別為：一、溪北地區，二、臺南市郊，三、高雄地區。這是自民國70年（1981）農曆11月8日新廟安座大典後，首逢三年一科醮典。

首日香 國曆4月17日／農曆3月24日

方向路線：向東轉北國姓橋到山仔寮→七股村→玉成村
　　　　　→永吉村→三股村→五塊寮→金德芳→九塊
　　　　　厝→回本廟

二日香

方向路線：向西轉北到七十二份→樹仔腳→頂下義合→
　　　　　檳榔村→學甲寮→頂十份塭→回本廟

尾日香

方向路線：本廟出發南向→城南里→城西里→青草里→
　　　　　砂崙里→下十份塭→溪埔→城東里→城北里
　　　　　→城中里→回本廟

民國71年壬（1982）戌科聖母廟董事長吳進家邀請卡

三位土城的耆老：吳進家（1948年生）虎尾寮人聖母廟前董事長（右），王信德（1936年生）砂崙腳人（中），黃清滾（1937年生）溪埔人（左）

民國77年戊辰科（方文科擔任聖母廟第一屆主任委員開始）

這一科很特別，首次有入將軍青鯤鯓朝天宮（內祀有代巡七王，同王船脈絡），共連續有二科，後來因為百足真人蜈蚣陣必須全程步行，太過勞累，因此經過二科後便不再前往。

首日香 國曆5月7日／農曆3月22日

方向：向東轉北國姓橋乘車在頂山村路口集合整隊入青鯤鯓遶境

路線：經由西寮→中寮→入龍山村→七股寮→玉成村→鹽田地→經由大寮→入埔頂→看坪→回本廟

二日香

方向路線：向東轉北到下義合→樹仔腳→永吉村→三股村→五塊厝→金德豐→九塊厝→回本廟

尾日香

方向路線：本廟出發向東轉南→中洲角→土城角→郭份寮→蚵寮角→虎尾寮→鄭仔寮角→港仔西→西北寮→砂崙腳→下十塭→頂十塭→學甲寮→溪埔角→回本廟

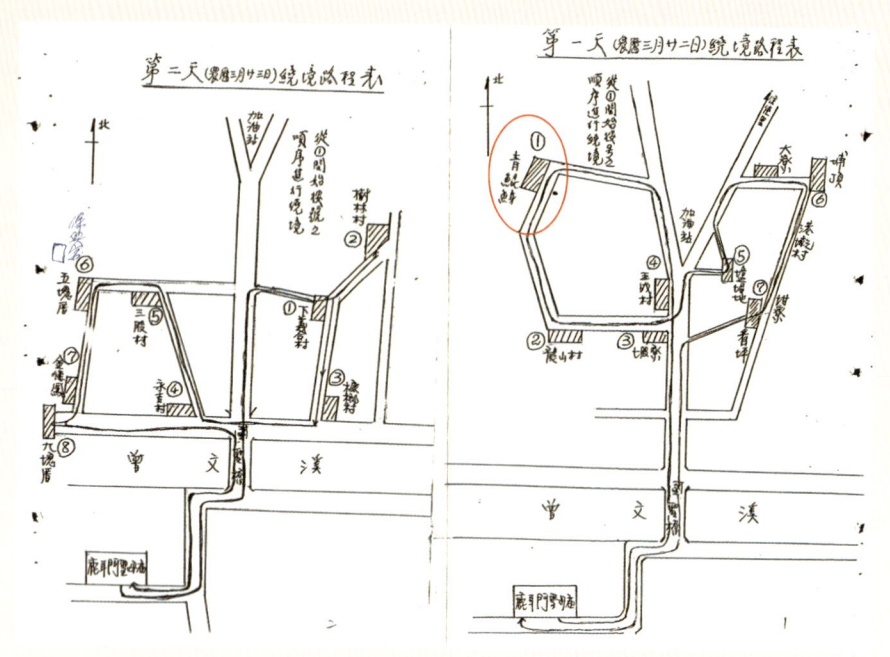

民國77年（1988）戊辰科首次入將軍青鯤鯓朝天宮

民國75年（1986）省主席邱創煥頒匾給聖母廟主委方文科

出巡溪北、臺江、土城地區：民國92～113年

　　出巡在民國92年（2003）路線有重大的改變，民國91年（2002）因聖母廟與海尾朝皇宮復交重修舊好，癸未科開始第二天便再入回到安南區的四草、海尾、本淵寮、十二佃，往後至今21年，成為定例的路線。

首日香 國曆4月22日／農曆3月21日

路線：七股樹仔腳→山仔寮→十份村金德豐→九塊厝→五塊寮→三股村→永吉→回本廟

二日香

路線：四草→鹽田→海尾寮→本淵寮→十二佃→農場寮→回本廟

尾日香

路線：蚵寮角→虎尾寮→鄭仔寮角→港仔西→十二戶→青草崙→復興村→砂崙腳→下十份塭→上十份塭→學甲寮→溪埔仔→中州角→土城角→郭吟寮→回本廟

聖母廟與朝皇宮擲公杯復交

「土城人請佛一款，還佛一款，毋知影禮數！」土城聖母廟請保生大帝擔任主壇時，是風風光光非常隆重，送佛回來時，竟然有一科是坐計程車送回而已，這讓海尾人感覺非常輕率，草草行事不知道禮數，也造成了後來海尾與土城斷香36年，分別訪問了海尾朝皇宮陳安與吳進池二位前主委，不約而同談起這段失和的歷史，後來二廟復交、重修舊好，中間是有故事的。吳進池（1956～）從1999年開始，做了20年的海尾朝皇宮主任委員，他在採訪時，娓娓道來這段他親自參與其中的經歷。

民國91年（2002），土城聖母廟透過王國清立委（時任聖母廟委員）多次來拜訪海尾朝皇宮吳進池主委與廟內委員，王國清希望有機會二廟斷香36年後，大家能復交起來，重新交陪，可以共襄盛舉參加土城香，陪鹿耳門媽一起出巡遶境。說到海尾與土城復交茲事體大，吳進池雖任主委但不敢貿然答應，表明需經委員會開會並用擲筊方式來決定是否復交。

當時有在廟外貼公告周知此事的日期與時間，擲筊當天整個廟裡就擠滿了關心的土城人與海尾人，不少海尾人具草莽性格，就在廟外一直聲（tshoh）罵髒話。為安撫信眾，吳進池主委遂提出此事必須由保生大帝自己來決定。

剛開始，吳進池主委請祭典組長來擲筊，由於事關重大，組長說：他不敢。後來請爐主來擲筊，爐主也說：他不敢。最後只

好由主委親自來擲筊。吳進池遂奉香向公祖稟告：「公祖，如果要復交的話，就請直接連引三杯，沒有就免談。」並稟明規則：一開始有笑杯、陰杯就不行，必須一開始就須連續三聖杯方可以。

吳進池擲出第一筊：聖杯。

第二杯是最刺激的，剛開始覺得是陰杯，卻在最後一秒跳成聖杯。

第三杯也是聖杯，公祖神意如此，大家也都無話可說。

當場的土城人也熱烈鼓掌，海尾人也接著鼓掌，二廟終於重修舊好。斷了36年的友誼也重新恢復。往後請到海尾開基保生大帝當主壇先生來監醮，正統鹿耳門聖母廟也絕對不會再失禮，海尾朝皇宮也再出轎襄贊土城香科遶境，二廟至今非常珍惜失而復得的交陪感情。

海尾朝皇宮前主委
吳進池（右）

參｜鹿耳門媽香　129

民國113年甲辰科三日香路關

民國113年（2024）甲辰科首日香

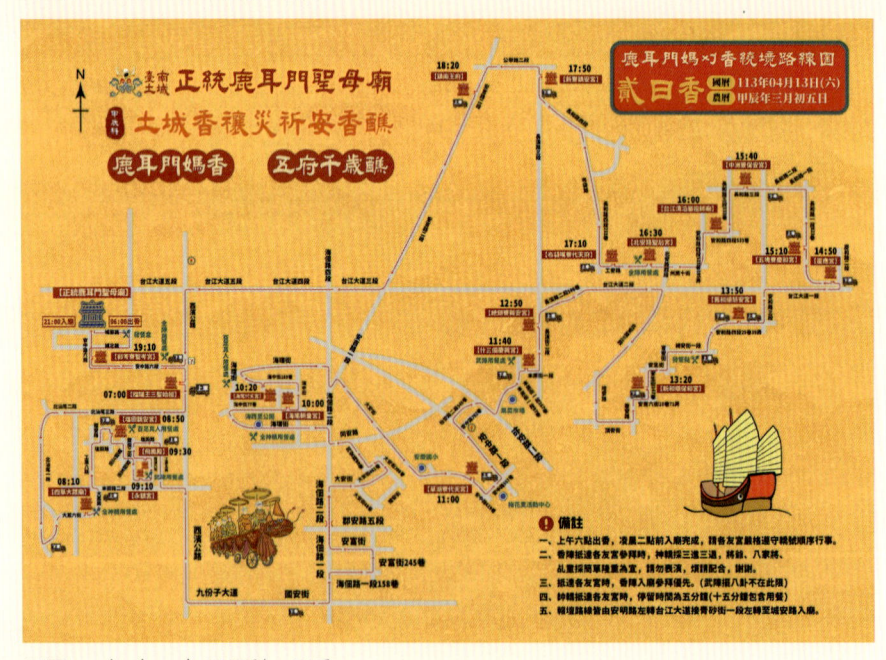

民國113年（2024）甲辰科二日香

130 ｜土城香｜鹿耳門媽香・五府千歲醮

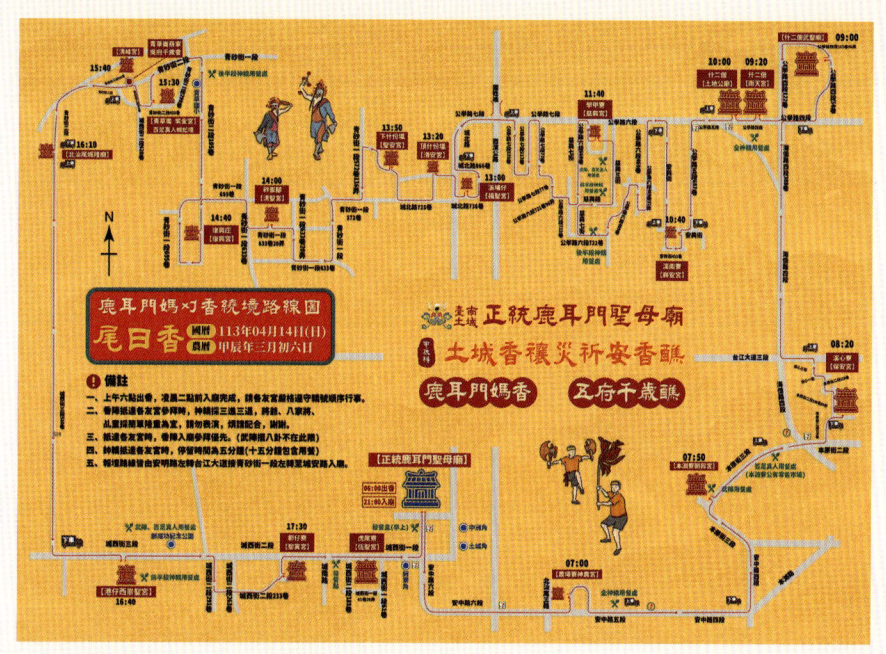

民國113年（2024）甲辰科尾日香

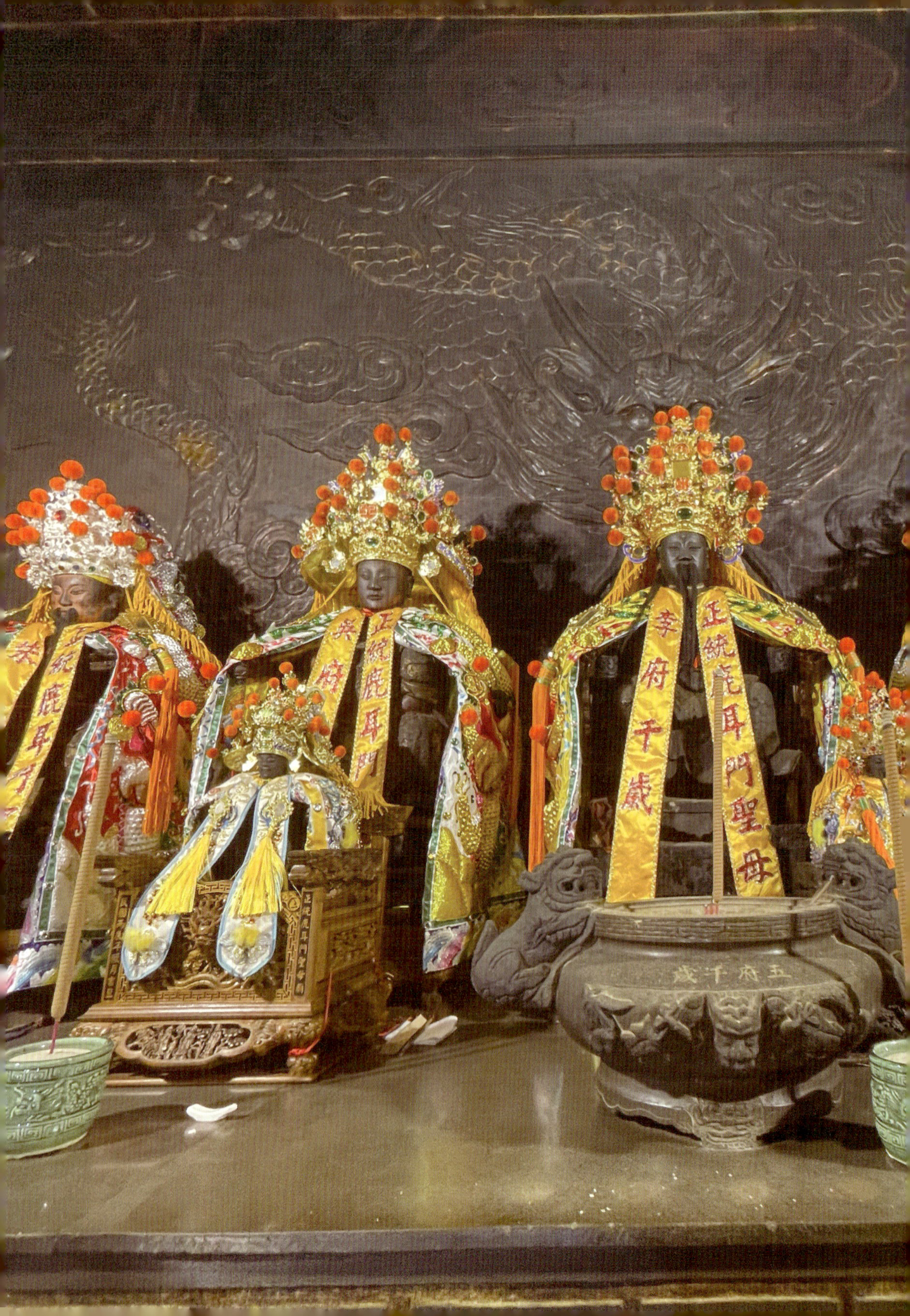
李府千歲
正統鹿耳門聖母
王府千歲

肆

五府千歲醮

祭王船而不送王船，是土城香醮特色之一（吳明勳攝）

舉辦王醮的機緣

　　正統鹿耳門聖母廟因有拾得王船，本身即有舉辦王醮之淵源，但從日治大正2年（1913）拾得王船後，近50年都未曾舉辦王醮，直至民國47年（1958），鹿耳門聖母廟退出西港香，才有了舉辦王醮的機緣。退出西港香的鹿耳門聖母廟，於民國48至50年（1959～1961）連續3年舉行了熱鬧的出巡遶境，民國50年（1961）的第三年遶境，為慶祝鄭成功復臺300年，除將出巡遶境擴大為3天外，也同時啟建禳災祈安醮（王醮），形成了「鹿耳門媽香、五府千歲醮」的型式，是為首科的土城香醮，俗稱「土城香」。自此這樣的香、醮合一慶典，每逢丑、辰、未、戌年3年舉辦一次，至今都不曾中斷。本章節主要是以「香醮」當中的五府千歲醮為主，詳述其祭典內容的王船相關儀式、火醮、請王儀式、王府行儀、三朝禳災祈安醮等。

I

王船儀式

　　大正2年（1913），土城仔庄民在西卩湖仔撿到一艘從海上漂流而來的王船，船內奉有五府千歲、銅製湄洲聖母3尊、純銅製成的統兵元帥1尊、七王爺1尊、[89]金府三千歲1尊、[90]管船大王1尊、過水夫人1尊、夫人媽5尊、打頭將1尊、打波將2尊，侍衛將士36尊、水手爺等40餘尊。據耆老相傳，此船由福建漂至澎湖馬公港海靈殿附近停泊，海靈殿境眾想迎入廟奉祀，但神意表示：「是受鹿耳門聖母邀請來臺保境安民」，於是海靈殿在建醮祀王後，又將王船恭送出海，這也是正統鹿耳門聖母廟與海靈殿兩廟，雖相隔臺、澎兩地確有交陪的緣由。

　　早期每年吳府千歲聖誕前一日，也就是農曆9月14日，土城信眾會恭請王船出塢，送王船出海任其隨風浪漂遊，此王船巡海的盛況，直至皇民化運動後被禁才不復見。[91]今時滄海桑田，王船已無法像昔日出海任其隨風浪漂遊，但還是會於吳府千歲聖誕前恭請王船出塢，停於五王殿拜庭上供信眾參拜。在土城香醮期間，五王殿成為莊嚴的王府，於是王船便移至王府衙門旁停泊，供信眾參拜、添載、杯請王船神像聖物等。

---

[89] 七王爺即代巡七王，由青鯤鯓人請去，現供奉於青鯤鯓朝天宮內，每次香科聖母廟皆會前往迎請前來鑑醮。
[90] 金府三千歲相傳王船靠岸時被山仔寮人請去，後來供奉於七股龍山宮。
[91] 周宗楊、吳明勳（2016），《鹿耳門聖母廟土城仔香》，臺南：臺南市文化局，頁76。

吳府千歲聖誕王船出塢供眾祭拜（吳明勳攝）

　　聖母廟的五府千歲醮雖是禳災祈安的王醮，與鄰近地方舉行王醮最大的不同處，就是無造王船與送（燒）王船儀式，但廟中所拾獲的這艘百年王船，在香醮期間仍然有相關重要的儀式要進行，例如：王船清艙、神像開光、取水與出塢、點艙添載等。

王船清艙

　　在明清時代來往臺閩兩岸的官船或商船中，大都以福船型式為主，傳統上會於船內規劃13個空間，來存放行船時所需的各種物品與生活用品，俗稱「13艙」。而民間信仰中的王船也大都是仿照福船型式建造，同樣保留著「13艙」的觀念，但是王船的大小

往往不及實際的官船、商船,無法規畫有13艙的空間,故大多是將行船時所需的各種物資,造冊分成13個單位,也就是「十三艙艙簿」,再將艙簿所載行船所需的物品一一點明,不詳分位置通通置於船艙之內,稱為「點艙添載」。

聖母廟王船之船艙內,亦添載有行船所需之各種物品與生活用品,這當中也包含柴、米、油、鹽、五穀雜糧、日常生活用品等,這些物品尤以食物最易會腐敗產生臭味,故香醮之前一個月,王船組人員會擇日進行「清艙」,用手慢慢伸入艙內將一項一項的添載物品取出,清空船艙,並對王船的船身、船桅、船帆等進行清潔與維護,以利香醮之進行。

王船清艙,將添載物品取出清空船艙(吳明勳攝)

王船重光與神像開光

聖母的王船在清艙後進行了清潔與維護，在香醮時，將恭請管船大王、天上聖母及五府千歲安座於王船上，供信徒膜拜，但當初隨船而來的湄州媽祖會參加遶境，而開基五府千歲須坐鎮王府，故聖母廟會重新雕塑神像，並擇日為神像開光。

開光儀式是由當科香醮主法道長主持，除了重新為經過清潔與維護的王船開光，付予神聖靈力外，也為天上聖母、五府千歲、鯉魚公等神像，統兵大元帥、五府千歲、天上聖母等王令，[92]還有王船上換新的一條龍千歲旗、王船綵、五色旗、蝴蝶旗、順風旗、龍目燈等聖物開光。同時一併為先鋒官及蜈蚣陣，榮封的旨牌、劍、印等信物，以朱砂筆點紅付予神聖性，整個儀式最後將這些新的神像、王令、聖物，依序過淨油火，進行潔淨除穢。

王船上的神像開光後，過油火潔淨除穢（謝奇峰攝）

王船取水與出塢

聖母的王船取水與出塢，也是擇日舉行，往往都是在同一日，先取水後再進行王船出塢，但也有少數例外，例如民國104年（2015）的乙未科，取水與王船出塢是擇在不同日子進行的。

王船取水所取之水是王船用的聖水，也是王船出塢與入塢開水路之水，所以必須在王船出塢前來進行。取水的地點是在鹿耳門溪北岸的古鹿耳門聖母廟遺址（舊廟地窟仔），取水儀式會以八抬神轎，恭請湄洲二媽、水仙尊王、管船大王，前往古鹿耳門聖母廟遺址坐鎮，由道士來進行科儀，香醮會會長、幹部，五大主會首、王府人員、相關人員、信徒等共同與祭，並由媽祖降駕於手轎來主導，前往遺址碑旁邊的水窟完成取水。

湄洲二媽、水仙尊王、管船大王坐鎮取水現場（謝奇峰攝）

2024年甲辰香科古廟遺址紀念碑遷置安爐（吳明勳攝）

---

92 天上聖母、五府千歲、鯉魚公等神像，與統兵大元帥、五府千歲、天上聖母等王令，是會供信徒分靈奉祀，故每科都會重新雕塑。

舊廟地窟仔取水
（吳明勳攝）

王船出塢、合境安寧
（吳明勳攝）

王船出塢祈安祭拜
（吳明勳攝）

民國113年（2024）甲辰科，因古廟遺址紀念碑於前一年，受土堤嚴重崩塌淹水影響，地基岌岌可危，於是在吳府千歲降駕指示下，擇地內移安置廟遺址紀念碑，並重新設計優化環境，故在甲辰科王船取水當日（2024年4月2日），也同時為古廟遺址紀念碑進行安爐儀式。

　　在完成舊廟地窟仔取水後，神轎與所有人員回到廟中，待王船出塢吉時一到，王船長便於王船前灑水開起水路來，此刻眾會首及王船組人員，也共同合力順著水路將王船推出五王殿外，至偏門旁就定位，接著王船組人員完成豎桅升帆後，由道長引領著香醮會會長，五大主會首、王府人員、王船組人員、信徒等，於王船前進行王船出塢祈安科儀。從此時此刻起，王船開始開放信眾添載，王船上的天上聖母、五府千歲、鯉魚公、一條龍、五彩旗、蝴蝶旗、八仙彩、四方旗等神像聖物，在香醮期間也開放信眾求乞。

　　出塢後的王船，於香醮期間每日出香時須收碇、升帆，象徵王船隨香陣出巡遶境，並於香陣入廟時降帆、落碇，意謂王船返航。在香醮圓滿結束，王船也會在吉日良辰時，由王船長引領五大主會首、王船組人員，合力將王船循出塢水路推回五王殿內拋碇停泊，並由道長進行王船入塢祈福安座科儀。

點艙添載

　　香醮第二日未時,王府結束了午朝行儀,正案公率領內班人員來到王船處,與王船組人員共同進行王船的「點艙添載」工作。聖母廟王船規劃的13艙分別是:官廳、阿班艙、東貓犁、西貓犁、舵公艙、聖人龕、東西官廳、尾樓媽祖廳、頭碇、灶廚、總舖艙、中艙公費、頭二艙等。王船添載所需的物品,是由王船長領導的王船組人員,於香醮之前依《王船艙資簿》所載來負責主辦採買。點艙添載,是由正案於王船前依照《王船艙資簿》所載負責清點,每點到一樣物品,王船長與副王船長隨即應聲回答:「有喔!」然後正案再於艙資簿所載的物品上圈點,待13艙所有物品都依序清點完成,正案當眾宣佈:「以上符合!」並將《王船艙資簿》交於王船長,讓其率領王船組人員,將各物品裝入船艙之中,完成添載。

王船添載器物(謝奇峰攝)

王船組人員進行點艙添載(謝奇峰攝)

正統鹿耳門聖母廟王船13艙各艙添載物品

艙名	添載物品
官廳	公案、印勒、鼓默、蘇白扇、手巾、財寶、香員、長壽煙、煙嘴、大花金、天金、尺金、金錢、高錢、蠟蠋、上烏沉香、淨爐、降束、蘭花好香、紅天官、黃天官
阿班艙	軍工家器、生粔油、棕帽、網紗、竹香、料香、小燭、棕衣、藤皮、索仔、黃麻、白錢、金錢、經衣、蓋金銀、草根
東貓犁	福員肉、冬瓜、菓子、臺灣米、薏仁米、桔餅、冰糖、金菓、香糕、蘇仔餅、桔紅餅、蜜料、柿菓、糯米
西貓犁	四方紙、銀硃條、貢穿紙、算盤、小種茶、上工夫茶、茶盤、茶碾、烘爐、茶鈷、手帖、官全帖、好筆、上硯墨、上銀硃硯、數簿、針線、小焙茶、粉牌
舵公艙	白錢、竹香、大吧銀、大蓆、棕衣、棕帽、指南針、金錢、更香、九金銀、經衣
聖人龕	通書、水沱、燈火架、火油、燈心、棉心、干經、滿天光
東西官廳	好荼、酒瓶、粗紙、火柴、綠豆粉、白糖、青菓、福員肉、鹹酸甜料、好酒、酒杯、熟香荼、茶盤
尾樓媽祖廳	蠟火燭、小燭、上桃香、西金古、火油、燈心、淨爐、降真束柴、燈火架帶盞、淨香、大花金、足高錢、火炮、福炮、連炮、燭臺

艙名	添載物品
頭矴	棕衣、棕帽、拔斗、水削、面桶、腳桶、索仔、黃麻、籐仔皮、水桶
灶廚	鼎灶、鱟靴、飯籬、煎匙、菜刀、四方箸、湯匙、酒瓶、茶心、箕鄰、烘爐、烘爐扇、滿天光、大小硿、大小磑、飯匙、紅花碗、紅花牒、茶罐、飯斗、校壳、燈心、火柴、火嗟、油矸、煖煨、紅花碾蓋、粗紙、菜枯
總舖艙	燕絲、蟳肉、蝦米、海參、清魚莉、清粉、冬粉、金針、木耳、太白粉、米粉、麵乾、胡椒八角、春干、豆腐皮、瓜子、鹹魚、食鹽、螺肉、豆油、豆醬、香油、紹醋、鹹菜、菜脯、薑、丁香脯、鳳梨、白米、火柴、火炭、鯀魚、扁魚、鹹蛋、醬瓜、麵線、豆枝脯、味素、豆籤、醬花瓜、青麵、豆乳、明魷、蝦干、赤嘴鮭、蚵乾、香菇、筍乾、香腸、紅豆、綠豆
中艙公費	大麥、小麥、糙米、食鹽、火油、白糖、白麻、赤糖、白米、火炭、火柴、肥皂、大蓆、米篩、畚箕、大麵、綠豆、紅豆、烏麻
頭二艙	眾弟子奉敬金帛

II

禳熒祈安送火王

人們在使用火時，享用了其帶來的方便與眾多功能，但也因使用不當而產生了災害，於是就有「禳熒祈安」的儀式來產生。「禳熒祈安」科儀，就是俗稱的「火醮」，臺灣南部靈寶派道士，常在大型祈安醮典儀式前，會安排進行「禳熒祈安」的火醮儀式，其目的是希望於正式醮典開始之前，將境域內易釀成災害的火鬼、火獸等驅逐出境，以保醮典平安進行，同時也祈求此後鄉境社內，不再有火厄之災，能夠一切平安。[93]

■「入門火部」半日科儀

臺南醮典前的火醮，常見有「一朝火醮」與「入門火部」兩種型式，其中又以只須半日時間的「入門火部」最常見，正統鹿耳門聖母廟香醮祭典中的火醮，就是屬於這半日科儀的「入門火部」。火醮是在第一日香的前一日下午，蜈蚣陣前來領令結束後，於行臺大門前來進行，由於火醮是一種驅逐火煞的儀式，故在儀式現場的佈置，亦或是供桌的祭品都會盡量避開用象徵火的「紅色」，而是以象徵水的「黑色」替代，如常見的祭品「紅

---

93 吳明勳（2023），〈禳熒祈安——臺南火醮與送火王習俗初探〉，《臺南文獻》，第23輯，臺南：臺南市文化局，頁208。

火醮飛聯福符使用黑紙白字（吳明勳攝） 　　　道長開光火王爺（吳明勳攝）

龜」，就會改成以黑色或咖啡色的食用色素來染色，稱為「黑龜」，原本紅色喜慶的飛聯福符還有醮榜，也會改以黑底白字書寫，醮燈也改成以黃底黑字的醮燈等，有的還會避開紅色蠟燭，以白蠟燭或黃蠟燭替代，或於蠟燭外部玻璃瓶處，包上一層黑紙或白紙，也就是盡可能的避掉火紅色。[94]

禳熒酌獻

火醮一開始，道長先為紙糊的火王爺、火鬼、十二火獸等火部諸神神像，進行開光儀式，隨後啟請火王列聖與火部聖眾蒞壇奉安寶座，同時也會啟請北方水德伺辰星君等水部聖眾臨壇，祈盼在儀式之後，火部之神能將一切會發生火疫的因子都能帶離鄉境，亦望水部諸神能壓制火疫，使火惑之災不再發生。

---

94 吳明勳（2023），〈禳熒祈安——臺南火醮與送火王習俗初探〉，《臺南文獻》，第23輯，頁210。

儀式中，道士團也會宣誦《靈寶天尊說消禳火災妙經》，此經經文講述靈寶天尊駕幸金仙壇上高德園中，齋會群仙講道，見凡間世界發生火厄之災，炎火熾燃，比屋連薨化為火燼，於是在齋會完畢後傳下神咒，願神咒廣為流傳，凡間人們如犯錯能改過遷善，有災之日誦此咒者，眾神當為蠲除罪咎，如遇熒惑臨纏誦此咒者，眾神當為救護，自然止熄，如遇炎精火怪，妄入人家興或殃時，誦此咒者，眾神亦當禁制，勿使害虐良民。故醮儀借著宣誦《靈寶天尊說消禳火災妙經》與進行禳熒酌獻，祈望能夠熒惑藏威、祝融斂炎，轉凶災而為吉慶。

▌打火部

禳熒酌獻後所行的科儀是「打火部」，如從「禳熒酌獻」與「打火部」兩儀式內容來比較，可發現儀式呈現了道教常見的「先禮後兵」演法模式。「禳熒酌獻」是呈現一種以溫和的方法，於火王爺列聖前行酌獻之儀，祈望火部一切威靈，能夠祝融斂炎、熒惑收威，轉凶災而為吉慶，為地方帶來平安，而「打火部」則是一種以武力逐滅火煞的演法方式。打火部的儀式現場，道士團會於廟埕上依五行方位各擺上「烘爐」、「油燈」、「水桶」等，「烘爐」與「油燈」會點燃火，象徵五方火煞，而「油燈」中的燈芯數量，則依東方9炁、南方3炁、西方7炁、北方5炁、中央11炁之數放置。儀式中可見道長手持以黑布白字書寫「北斗水神滅凶

禳祀火王，祈望熒惑藏威
（吳明勳攝）

「打火部」收斂五方之火，除去火煞（吳明勳攝）

災罡」，與紅布白字書寫「南斗火官除災害罡」的水火部旗，和掃帚、扇子，引領四位手持掃帚與扇子的道眾，口中唱唸「火部歌」，依五行方位遶行穿梭於各火爐之中，以收斂五方之火，最後再以掃帚、扇子與水桶之水滅熄爐火，象徵除去五方火煞，完成「打火部」科儀。

送火王

　　火醮的科儀的最後階段是「送火王」儀式，有別於常見的只以紙糊小轎來恭送火王爺方式，鹿耳門聖母廟是以八抬大轎來恭送火王爺。在火王爺迎請上神轎後，會再以黑布來包掩神轎，呈現著以水制火的概念，不讓送火王的過程中，火獸與火鬼有任何機會遺留在土城境內致災。同時，火醮佈置中的飛聯福符、醮榜、醮燈等等，也會一併拆下隨送火王隊伍離境焚化。由於送火王後，廟方將會進行焚油逐穢的儀式，土城境內的金獅陣、白鶴陣、宋江陣等都會前來過淨油火潔淨一番，故這些陣頭也都事先

到達聖母廟，參與了送火王儀式，這也讓這「送火王」添加了不少熱鬧氣氛。

農業社會時代在送火王時，為讓所有造成火災發生因子消失離境，都會要求全境將所有火源、光源熄滅，但隨著時代生活習慣的改變，現代社會是很難強制做到這點，故聖母廟於送火王時，除將廟內、廟外屬於自己能控制的火源、光源熄滅外，也盡量要求沿途住家與店家能配合，可見對送火王儀式的重視。

在金獅陣、白鶴陣、宋江陣、五大會首、大爐主、王府人員與媽祖神轎恭送下，火王、火鬼、火獸等，被送至安和路6段的鹿耳門溪畔，火王爺被恭請下八抬大轎改坐上紙糊小轎，在道士一人帶領會首、大爐主、王府人員、信眾等，焚香虔誠禮拜後，點火焚送火王爺與諸聖離境，道士將水火部旗押在火堆之上，完成禳熒祈安送火王醮典。

鹿耳門聖母廟是以八抬大轎來恭送火王爺（謝奇峰攝）

鹿耳門溪畔焚送火王爺離境（謝奇峰攝）

III 請王大典

焚油逐穢

　　請王大典是在送火王後來進行的科儀，在出發前往請王之前，道士於醮場三界壇前行法燃起淨油鼎，進行了「焚油逐穢」科儀，也就是俗稱的「煮油」。「煮油」是對此科儀非常直接又貼切的稱法，此科儀便是將油倒入鼎內，再用火去煮（加熱），借著符令與道士行法，讓這油鼎火據有法力，能夠除去所有邪穢之氣，潔淨人、地、物。當道士行法完成後，先在醮場內以「油鼎火」火燄之威，逐去醮場內所有不潔穢氣，讓其成為建醮演法的神聖空間，並將「油鼎火」抬至醮場外，讓會首與鑑醮組人員進行潔淨，再把佛祖殿、媽祖殿、五王殿、王船、燈篙等醮域場地潔淨，最後讓眾王府人員、醮務人員、陣頭人員、信眾等，進行過火除穢。

　　聖母廟香醮的「請王」地點早期是在廟宇西南方，城南里青砂街1段65巷內的空地，後改於成南路鄰近城西一段街路口處。鹿耳門聖母廟的「五府千歲醮」請王大典，並不像常見的王醮，有塑造新的紙王爺神像或王令，而是將開基的5尊五府千歲神像，以大轎恭迎至請王地點進行儀式。這樣的請王方式象徵重現

焚油逐穢科儀，為眾人潔淨身心（吳明勳攝）

開基李府千歲（吳明勳攝）

了昔日王船靠岸，除了有溯源祭祖的意思之外，也表示著土城香醮是五王領旨「代天巡狩」，如同五府千歲授與蜈蚣陣的令旨中所寫「特奉玉旨鑒臨土城，巡察東都，以靖妖魔，以安民庶」。

　　請王大典整個儀式是由道長主持，香醮會主要幹部、五大會首、大爐主、醮務人員、王府人員、金獅陣、白鶴陣、宋江陣、信徒等，共同參與。道士團依照請王科儀本演法啟請列聖蒞臨外，主要還是迎請代天巡狩五府千歲，還有當初一同隨王船而來的天上聖母、金府三千歲、代巡七王，與曾經拾獲王船再放流的澎湖海靈殿主神蘇府王爺等，同時也為紙糊的朱衣公、金甲神、康元帥、趙元帥、高元帥、溫元帥等，6位護壇官將進行開光。

肆｜五府千歲醮　151

請王大典同時為6位護壇官將進行開光（吳明勳攝）

眾人虔誠跪迎代天巡狩（吳明勳攝）

開基五府千歲於代天府2樓神龕登殿安座（謝奇峰攝）

代天府內莊嚴隆重的安座大典（謝奇峰攝）

IV 王府行儀

　　「王府行儀」即香醮期間，自請王儀式代天巡狩蒞臨王府後，到香醮結束，王府內所進行的祀王相關儀式，其因王府的崇高性質，是香醮期間不對外開放的祭祀空間，常人無法一窺其內容，故也使這莊嚴的「王府行儀」增添神秘色彩。

王府的空間

　　王府是王醮或迎王祭典中特有的祭祀空間，正統鹿耳門聖母廟土城香，啟建的五府千歲醮，也就是禳災祈安醮典，俗稱「王醮」，故在香醮開始前，廟方會選擇一個吉日良辰，來進行荷門、王府的動工建造。動工儀式是由香醮委員會總幹事率王府正案、王船長、行臺管理組長、祭典組長等相關人員，先向五府千歲進行參拜後，再到五王殿前由相關人員手持鐵鎚敲擊地面，象徵動工大吉，荷門搭建與王府設置正式展開。

　　正統鹿耳門聖母廟土城香的王府，是以五王殿為主體，並於五王殿拜庭前方的廟埕空地，以紅色木櫊搭建圍成一個「ㄩ」字型的荷門，整個王府從外至內，可分為三個空間，分別是荷門、儀門、代天府。荷門又稱「行臺」故大門書有「行臺」二大字，是王府的最外層，門外立有旗桿兩座，上掛帥旗，荷門內部擺放

護衛醮典之六位官將（醮騎）[95]，因正統鹿耳門聖母廟為坐北朝南的建築，故衙門前設有東轅門與西轅門，又為使行臺管理組人員工作進出，還有道士、會首入王府觀朝之時，避走衙門的行臺大門，於是在行臺大門兩邊開設東角門與西角門，以方便出入。

「儀門」即原有五王殿之大門，門眉上貼有「儀門」二字做為門匾，「儀門」是相關人員進入王府參謁時，整理服裝儀容之所在。「代天府」即代天巡狩上任駐駕、辦公之所，也就是整個王府的核心，代天府的內部設置，主要是用黃色布幔將五王殿原五府千歲、境主公及將軍府的神龕，圍成一個獨立空間，並於正面布幔上方題有「玉敕代天府」文字，王府內部布幔外的龍爿空間，也就是平日服務臺處做為饍食房，內班人員於此更衣，同時處理千歲爺駐駕期間的飲食起居；布幔外虎爿，也就是平日供奉王船的地方做為休息室，設有躺椅及蚊帳，供內班人員休息之所在。[96]

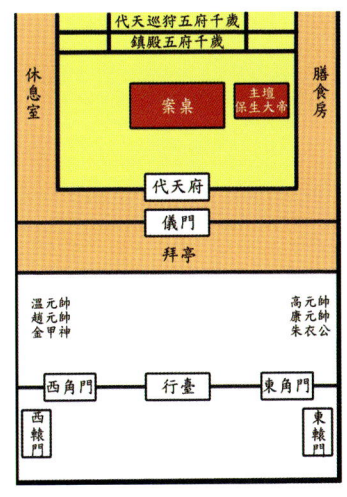

王府衙門配置示意圖

---

95 六位護衛醮典之官將分別是：朱衣公、金甲神、康元帥、趙元帥、高元帥、溫元帥。
96 周宗楊、吳明勳（2016），《鹿耳門聖母廟土城仔香》，臺南：臺南市文化局，頁54。

王府行儀的傳承

　　土城香醮因退出西港刈香後而舉辦，故在「王府行儀」的部份受西港王府行儀所影響，首科王醮時也聘請西港王府王李森烈及王李友志前來指導協助，目前的聖母廟王府內班人員編制，為正案1名、副案1名、總書辦1名，內傳喧1名、外傳喧3名、書辦數名，另有負責衙門行臺大門管制的行臺管理組人員，又稱為「王府外班」人員。

　　正統鹿耳門聖母廟首科香醮的正案，是由在西北寮擔任私塾漢文老師的陳老桔（1911～1968）所擔任，其留有土城香醮的《祭祀內幕》的手抄筆記，成為聖母廟王府行儀傳承的依據。由於陳老桔在世時除擔任漢文老師作育英才外，業餘時間也擔任正統鹿耳門聖母廟的「桌頭」，為神明服務，在陳老桔仙逝10年後（1979），媽祖降駕時指示陳家後代，陳老桔已修行功德圓滿，晉封為「陳府元帥」，可為其雕刻金身奉祀，陳老桔也成為陳家的守護神。

土城香醮首位正案：陳老桔先生（謝奇峰翻攝）

土城香醮第二位正案：方文科先生（方裕豐提供）

陳老桔後由方文科接任王府正案一職，方文科（1937～2004）為正統鹿耳門聖母廟第一屆至第六屆的主任委員（1986～2003），任期相當久，對聖母廟的經營發展貢獻良多，他除了是管委會主任委員外，香醮期間亦擔任王府正案一職。

　　民國92年（2003），方文科因健康問題無法擔任正案一職，廟方聘請了蘇厝第一代天府真護宮的房科趙雲敏，前來代理正案。民國95年（2006）丙戌香醮，也是方文科去逝後的首科香醮，為補王府正案的職缺，廟方遂提出蔡清籐、蘇左棟、吳國山三人名單，由媽祖聖杯裁決正案一職，最後結果由吳國山以最多聖杯勝出接任正案，聖杯第二多的蔡清籐接任副案一職。吳國山，土城虎尾寮人，民國45年（1956）生，民國89年（2000）庚辰科開始進入王府組服務，並與當時擔任副案的陳日田（1946～2001）校修陳老桔的手抄筆記《祭祀內幕》，並重新命名為《建醮事略》。吳國山自民國95年（2006）丙戌香醮，由媽祖親點擔任正案至今，無不盡心盡力為神明服務，也肩負著王府行儀傳承的重任。

土城香醮現任正案吳國山先生與副案蔡清籐先生（吳明勳攝）

肆｜五府千歲醮　157

千歲爺登殿安座

　　請王大典之時，王府內班人員在正案引領下，每人手持各自的「手本」於請王地點，恭請代天巡狩的蒞臨，待請王回王府，即排班列於儀門前兩旁，恭迎代天巡狩入王府安座，再由一人將手本收起，這有別於其它舉辦王醮的廟宇，只在王府點卯時，王府人員才手持「手本」參與的情況，算是聖母廟請王大典的特色之一。

　　代天巡狩進入代天府後，開基五府千歲神像迎奉至2樓神龕登殿安座，王府內班人員隨即忙碌起來，先於千歲爺案前點燃淨香、接著進行進「面桶水」、進茶等祀王之禮後，再由道士團引領五主會、大爐主、香醮會會長、幹部等，進入王府內行三獻酒禮，進行千歲爺登殿安座儀式，隨後案公亦率領全體王府內班人員，於千歲爺前焚香禮拜完成安座儀式。

　　安座儀式完成，一連串的王府工作隨之進行。案公將硃筆捧至千歲爺案前，啟稟千歲爺「稟貼」、「告貼」事宜，先以硃筆圈點「禁止喧嘩」、「鎖拿閒人」、「免揖」、「賜座」等四塊掛牌，並交由王府人員發掛於行臺大門兩側，再將「上任短諭」、「登殿短諭」、「開印短諭」、「長示」、「長腳牌」、「禁軍兵營伍班役規條」、「禁班役短諭」、「禁闖道短諭」、「禁賭棚攤短諭」、「點船班掛牌」、「點卯掛牌」等，用印後張貼於儀門外，同時也為王府、儀門「封條」與「出巡路關」用印。待所有「曉諭」、「告牌」張貼完畢，王府內班人員再度進行了退茶、進茶、進點心等

祀王之儀，然後掩門，將衙門、儀門關閉，貼上封條，最後王府內班人員再度向千歲爺跪拜上香，行三跪九叩首禮後，拉上代天府帳籬，讓千歲爺休息，整個千歲爺登殿安座的王府行儀才算圓滿。

正案吳國山以硃筆圈點「掛牌」（吳明勳攝）

正案吳國山啟稟千歲爺「告貼」事宜（吳明勳攝）

衙門外張貼許多曉諭、告示，告知各種事項與明定規則（吳明勳攝）

行儀內容

　　三日香醮期間，王府內每日王府行儀內容大致固定，從早晨4點30分報到開始，王府內班在正案的帶領下、分成早朝、午朝、晚朝三階段進行相關的王府祀王儀式，在祀王過程中，王府內班人員皆以鼓點的聲響來做為進退之間的號令。

▎首日王府行儀

> **早朝** 王府內班人員報到時間4點30分
>
> 卯時，正案啟稟千歲爺卯時已到，賜弟子辦早朝世事。
> 一通鼓，退茶、退面桶水。開帳籬。
> 二通鼓，進面桶水、進茶、退點心、進飯、進水果、進四果茶。
> 三通鼓，退茶、進茶完成。

　　王府內祀王事畢，行臺外班人員與王府內班人員，即撕掉行臺大門與儀門的封條，開啟早朝荷門與儀門，接著王府書辦人員於儀門前左右排班，聽正案口令，依序掛、收「投文牌」、[97]「放告牌」，[98]（此2個行事牌隨掛隨收），最後掛起「參謁牌」，[99]

王府內班祀王進茶（吳明勳攝）　　府內班掛起參謁牌（謝奇峰攝）

當「參謁牌」掛起後並無立即收起，而是等著先鋒官前來領旨，還有蜈蚣陣與參加遶境的神轎前來報壇、拜廟參謁，待道官（道長）領五主會入王府覲朝、王府內班人員請神尊（20尊）觀朝，與恭送媽祖出巡後，王府內班人員即向千歲爺跪拜上香，行三跪九叩首禮，再收起「參謁牌」，掩閉行臺大門與儀門並貼上封條，拉上代天府帳籬，結束了首日「早朝」行儀。

---

97 投文：向王府代天巡狩投放文書。
98 放告：舉凡人、鬼、神等有冤者，皆可向代天巡狩千歲爺申訴。
99 參謁：在每日三朝神明、道士覲朝時，或遶境的神明出發返回拜廟時，以及相關貴賓人員進王府朝拜時使用。

午朝 王府內班人員報到時間10點30分

午時，正案啟稟千歲爺午時已到，賜弟子辦午朝世事。

一通鼓，退茶、退面桶水。開帳籬。

二通鼓，進面桶水、進茶、退飯，進飯、退水果、進水果、退四果茶、進四果茶。

三通鼓，退茶、進茶完成。

　　府內祀王事畢，行臺外班人員與王府內班人員，即撕掉行臺大門與儀門的封條，開啟午朝衙門與儀門，與早朝同，府內班人員於儀門前左右排班，聽正案口令，依序掛、收「投文牌」、「放告牌」、「參謁牌」，最後掛起「參謁牌」時並無立即收起，待宣道官（道長）領五主會入王府觀朝，與王府內班人員請神尊完成觀朝後，收起「參謁牌」，掩閉行臺大門與儀門並貼上封條，拉上代天府帳籬，結束了首日「午朝」行儀。

晚朝 王府內班人員報到時間14點30分

申時，正案啟稟千歲爺申時已到，賜弟子辦晚朝世事。

一通鼓，退茶、退面桶水。開帳籬。

二通鼓，進面桶水、進茶、退飯、進飯、退水果、進水果、退四果茶、進四果茶。

三通鼓，退茶、進茶完成。

　　府內祀王事畢，行臺外班人員與王府內班人員，即撕掉行臺大門與儀門的封條，開啟晚朝衙門與儀門，依序掛、收「投文牌」、「放告牌」、「參謁牌」，最後掛起「參謁牌」時並無立即收起，待道官（道長）領五主會入王府觀朝，與王府內班人員請神尊完成觀朝，直到先鋒官入廟繳旨、首日出巡神轎完成入廟參拜、千歲爺轎和媽祖轎回駕，才收起「參謁牌」，掩閉行臺大門與儀門並貼上封條，此刻王府內班人員再退茶、進茶、進點心後，全體再向千歲爺跪拜上香，行三跪九叩首禮，拉上代天府帳籬，結束了首日「晚朝」行儀。

道官入王府觀朝（吳明勳攝）

神尊入王府觀朝（吳明勳攝）

「點卯」是由正案主持，副案與總書在旁協助（陳奕樑攝）

「點卯」儀式衙門內進行（陳奕樑攝）

第二日王府行儀

王府內的第二日王府行儀，大都與第一日相同，差別在早朝時會進行「點卯」，在午朝結束後，王府正案會帶領王府內班人員至王船處進行「點艙添載」，此「點艙添載」儀式內容敘述於本章第一節〈王船儀式〉，在此就不再贅述。

點卯掛牌：「特授代天巡狩．諭爾書辦．王船班．及內外眾班役知悉．本代巡定於本月○日．早堂點卯．爾等至期．務須齊集王府外聽點．毋得臨點不到．致干重究．毋違特諭。」

王醮中的「點卯」儀式，是一種古代帝制的遺風，舊時宮廷、府衙於朝會之前會進行唱名點到，因進行時間都為晨卯之時，故又稱「點卯」。正統鹿耳門聖母廟香醮王府第二日早朝，待千歲爺與媽祖出巡後，時間雖已過卯時，但王府衙門內，亦循古例進行了「點卯」儀式。「點卯」是由正案主持，儀門左前設一案桌，案桌上置放令旨、籤筒、火簽等，正案坐於中，而副案與總書辦坐於正案兩側。堂下衙門內，王府內班與外班（行臺管理

組）人員及王船班人員共數十餘名，手持書寫自己單位、職稱、姓名的手本，依序排列坐著。

當正案於王府內取出卯簿，坐於堂上開啟卯簿，便開使依照卯簿所載名單唱名，被唱唸到者都需答：「有喔！」以示有到，直到卯簿名單皆唱唸完畢，點卯儀式才為圓滿。

第三日王府行儀

第三日王府行儀，則多了午朝的「宴王」，與晚朝時道士團在王府進行的「關五雷神燈」、「和瘟淨醮」科儀外，其餘也大都與第一日王府行儀同。

香醮第三日，也就是香醮的尾日，祭典即將功德圓滿，在王府午朝請神參謁後，香醮會特於王府內敬備山珍海味、佳餚美饌，禮聘古樂伴奏，進行宴王叩謝代天巡狩鴻恩。宴王儀式由香醮會幹部與五大會首、大爐主等，焚香開宴、酌獻千歲，並恭讀「王府宴王祈安文疏」。

香醮會敬備佳餚美饌宴王（謝奇峰攝）　　香醮會會長領幹部一同焚香開宴（謝奇峰攝）

V 三朝禳災祈安醮

　　五府千歲醮，所啟建的就是「三朝禳災祈安醮」，也就是俗稱的「王醮」。三朝禳災祈安醮，在內壇中除了演法科儀外，道士團也安排了《朝天大懺》、《玉樞寶經》、《北斗真經》、《三官妙經》等等經懺的唸誦，來為醮主及信眾祈福、消災、添壽。並於壇外進行「放水燈」、「普度」與外壇的「獻敬」等科儀；每日早、午、晚，道士團也會領眾會首們，前往王府內參謁見朝，整個醮典儀式可說是十分的緊湊。

　　鹿耳門聖母廟，自首科醮典起，所主法的道長都是於神前評比聖杯數，由神明指示裁定，例科主要都是以臺灣南部靈寶道士為主，雖各道壇在演法方式與科儀排定習慣略有不同，但聖母廟為配合「鹿耳門媽香」的遶境活動，有著屬於自己醮典科儀的時間，各道壇須遵守配合，但隨著實際狀況的變化，難免也有小小的異動，就以民國113年（2024）甲辰科為例，特將醮場醮典科儀表整理如下。

鹿耳門聖母廟甲辰科三朝禳災祈安王醮科儀表

香科日程	科儀名稱
請王日	起鼓、燃點斗燈、入門火部：祀火王、打火部、送火王、焚油除穢、開光六騎、請王、擲筊、王府、安座
第一日醮儀	皇壇發表、發表請神、恭請三界列聖、祀天旗、王府早朝參謁、朝天大懺、午供、王府午朝參謁、五大主會行香獻敬、鹿耳門溪放水燈、王府晚朝參謁、分燈捲簾
第二日醮儀	王府早朝參謁、道場敬茶、啟師啟聖、午供、王府午朝參謁、普度開香、登座普施、普度圓滿、送孤王府晚朝參謁、宿啟玄壇儀式、收斬命魔、安鎮文房四寶、拜天公
第三日醮儀	王府早朝參謁、重白至尊、茶獻異品、登棚拜表、誦玉樞寶經、北斗真經、三官妙經、午供、王府午朝參謁、通誠正醮、王府午朝參謁、關五雷神燈、和瘟淨醮、打船醮、送五毒桶飯海島、迎福慶入于吾鄉

醮場的聖域空間

　　醮場是道士演法與會首代表信眾祭拜祈安的場域，在聖母廟的「五府千歲醮」中，有著內壇與外壇之分。內壇為醮典的核心所在，為不對外開放的空間，只限道士團、會首、醮務工作人員

等進出，嚴禁一般信眾隨意出入；而外壇是屬於開放空間，其主要是香醮期間，供角頭信眾禮拜、酬神演戲、香陣參禮的場域。鹿耳門聖母廟設有主會首壇、主醮首壇、主壇首壇、主普首壇、三官首壇與爐主壇等六個外壇，每個會首壇上恭奉著相對應的土城角頭神祇，還有會首所祀之神祇，這些外壇坐鎮的神祇，會於醮典起鼓當天入壇進行安座。

內壇

聖母廟的內壇，除本廟神尊與交誼宮廟神尊於壇內鑑醮外，也有對外開放讓其它廟宇、神壇或信眾家中所奉的神尊前來鑑醮，故又稱「鑑醮場」，是設於聖母廟西側廂房最後方，由鐵皮屋搭建而成，每科香醮啟建之前都會擇一吉日良辰來動工開始佈置鑑醮場。內壇做為醮典期間諸神降臨共證醮功之所，在空間上呈現了道教虛擬十方世界的佈置方式，此一聖域因封閉又有許多的禁忌規矩，[100] 始終讓人有種神秘又莊嚴之感。

鑑醮場內的內壇為坐西朝東，東西向格局，正面（西面）為「三清壇」，掛有玉清仙境清微天宮元始天尊、上清仙境禹餘天宮靈寶天尊、太清仙境太赤天宮道德天尊等，道教最高神祇的三清道祖畫像捲軸。三清中，玉清元始天尊手持混元珠位居三清

---

[100] 內壇禁忌規矩，如未持齋吃素、身上穿戴有皮件、帶孝不潔者等，都不能進入。

內壇為道長演法與諸神共證醮功之所（吳明勳攝）

中位，上清靈寶天尊手捧如意位居三清龍爿，太清道德天尊手執蒲扇位居三清虎爿；而在三清壇的龍爿處則為玉皇天宮，掛有萬神至尊玉皇上帝的畫像捲軸，虎爿則是紫微天宮，掛有萬星之主紫微大帝的畫像捲軸。此外，也恭請了鹿耳門聖母廟的「武館三媽」安座於玉清元始天尊前。

位於「三清壇」對面（東面）的是「三界壇」，又稱「三界萬靈府」，科儀桌上方高懸一紙糊的「三界亭」，上書「天鑑在茲」，代表上元一品賜福天官大帝、中元二品赦罪地官大帝、下元三品解厄水官大帝等，三官大帝神位所在，同時也是醮典科儀中諸神眾聖降臨之處；此外三界壇正中處，也恭請了鹿耳門聖母廟「文館三媽」坐鎮，其兩側看臺式階梯，則為參加鑑醮的友宮神尊。

在鑑醮場內的北面中央處，掛有張天師畫像捲軸與安奉紙糊

張天師神像，作為「師壇」所在；南面中央處，則掛上玄天上帝畫像捲軸與安奉紙糊玄天上帝神像，作為「聖壇」所在。而位於師壇與聖壇，也就是天師與北帝的畫像捲軸兩邊空間，各道士壇也會掛上不同的畫像捲軸，來填補空間，增加內壇的神聖性，這些常見的畫像捲軸有護壇官將與眾真朝元圖等。

「三清壇」、「三界壇」、「師壇」、「聖壇」每個壇處都設有香案供品，「三清壇」與「三界壇」壇前則增設有科儀桌，以方便道士團進行儀式演法與誦諷經懺。

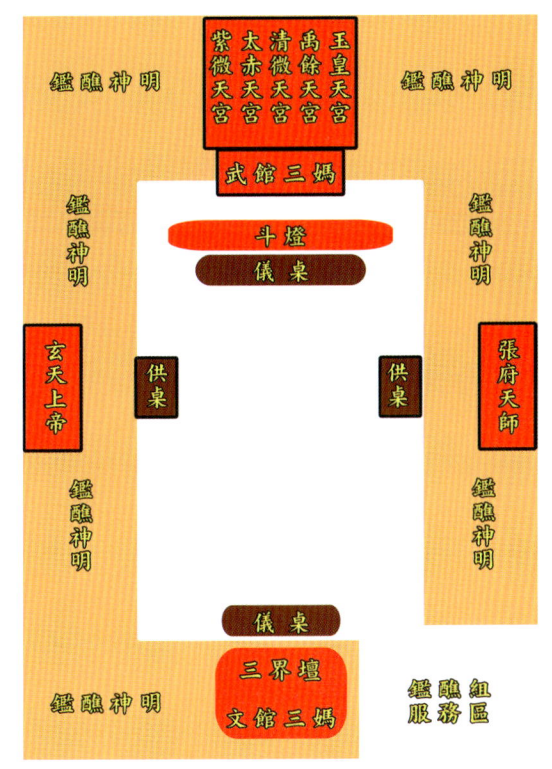

內壇佈置示意圖

外壇——會壇（吳明勳攝）

外壇

外壇即為五大主會首壇與爐主壇，早期鹿耳門聖母廟香醮的五大會首，是由土城十一角頭中選任，由鹿耳門聖母廟統一杯選之後，榮任會首的各角頭再自行杯選或遴選出人員擔任會首一職，而參與醮典期間的花費大致是由該角頭收取的丁口錢共同負擔，故當時各會首壇皆設於所擔任會首的角頭境內。民國112年（2023）3月13日，經鹿耳門媽降駕指示，為讓更多各界人參與土城香醮，自民國113年（2024）甲辰科香醮開始，可開放土城境外人士前來杯選五大會首，唯五大會首壇皆要設在土城境內，讓十一角頭杯選分配負責協助幫忙五大會首，故甲辰科的五大會首壇，不再分設於十一角頭處，改與爐主壇一起集中，設於鹿耳門聖母廟的東側空地。

醮典焚香起鼓（吳明勳攝）

五大會首、大爐主點燃自己斗燈（吳明勳攝）

醮典起鼓後內壇的所有斗燈皆已點燃（吳明勳攝）

起鼓入醮

　　起鼓可說是醮典的序幕儀式，故都會選擇吉時來進行，祈望醮典能有好的開始。在起鼓方式上常見的有兩種，一種是在內壇中，由香醮會幹部與五大會首、大爐主等，於三清壇前焚香跪拜，稟告上天醮典就緒準備開始，並由道士一人，搖響帝鐘、敲擊鼓點，奏響鼓樂揭開醮典序幕。另一種起鼓方式，則是在壇外吉方，由道長引領香醮會幹部與五大會首、大爐主等，焚香稟告上天醮典就緒準備開始後，由後場鼓手擊敲「手鼓」，引領眾人隨鼓聲進入內壇之中奏起鼓樂。不管何種起鼓方式，在醮典起鼓

的聖樂聲中香醮會幹部與五大會首、大爐主等，都會同時燃起了自己的斗燈，而鑑醮組人員也是將鑑醮場內的所有斗燈點燃，完成起鼓入醮。

在內壇內起鼓儀式完成後，五主會首與大爐主即前往外壇所在，分別為主會首壇、主醮首壇、主壇首壇、主普首壇、三官首壇與爐主壇等六個外壇，焚香敬拜壇中諸神，進行陞壇安座。

三朝醮第一日醮儀

發表啟請

五府千歲醮於火醮之日的上午即進行了醮典起鼓，故三朝禳災祈安醮的首日醮典科儀，是從「皇壇發表」開始。儀式是於內壇中的三界壇前來進行，高功道長分別焚火、水二符於淨爐和水盂之中，旋遶淨壇，手執五雷號令召將，隨後簽署符命，並步罡出外站於將臺上誦焚「玉清總召萬靈符命」，總召諸員官將蒞臨，後回到內壇續於三界壇前上香三獻酒，宣讀疏文，宣達啟建三朝禳災祈安醮之宗旨，再引領全體會首、隨拜人員至醮場外呈文，將表文關帖箚焚化於金爐中，由道長手持五雷號令進行遣將，命承差官將、功曹符使，投送至三界十方諸真神司，稟告此次醮典舉行之目的，誠邀三界諸聖蒞壇，接受醮主信眾的禮拜並證盟醮典功果。

道長簽署符命（吳明勳攝）　　　　道長進行遣將發送表文（吳明勳攝）

　　接著道長與眾人回至內壇中，轉至於「三清壇」前的儀桌，進行「啟請聖真」的科儀，也就是請神儀式。儀式中，焚香禮拜，恭迎三清道祖、諸天聖眾、三界神明等，臨壇安奉寶座，並再次恭讀疏文啟奏建醮宗旨。

揚旗掛榜

　　「揚旗」也稱「祀旗」，也就是祭拜燈篙，升掛醮燈與醮旗。鹿耳門聖母廟的三朝禳災祈安醮典，廟前燈篙共設7座，會在醮典之前，擇適合鹿耳門聖母廟的南北向吉日良時進行豎燈篙儀式，而土城境內南北向的廟宇、會首壇，也會同時豎立起燈篙；同樣廟方也會擇一適合東西向的吉日良時，讓土城境內東西向的廟宇、會首壇，進行豎燈篙。早期鹿耳門媽祖曾指示，豎燈篙之前須恭請陳卿寮保山宮的觀音佛祖前來共襄盛舉，至今還保留著此習俗。

　　鹿耳門聖母廟前的豎燈篙儀式，會於燈篙孔內化金與放入五寶、五穀、紅圓等，寓意著招財進寶、五穀豐登、吉祥圓滿。起

豎燈篙時依例須邀請陳卿寮保山宮的觀音佛祖前來（謝奇峰攝）

鹿耳門聖母廟香醮共豎7座燈篙（謝奇峰攝）

立燈篙時，則以鳳尾[101]朝東方式，將燈篙插入燈篙孔慢慢豎起，豎起後鳳尾則轉朝向當年吉方，並掛上醮燈與升起醮旗，最後於底部圍上「古達仔」以避穢。[102]

　　鹿耳門聖母廟的7座燈篙，由左至右燈號分別是，主任委員、三官首、主壇與七星燈、主會與天燈、主醮、主普、爐主，每支燈篙上都會升有一支「一條龍」三角旗幟，中央五支旗幟依五形顏色來分，稱為「五條龍」，主會燈篙旗幟為黃色銀邊，代表五行的土，旗上書有「昊天玉皇上帝」；主醮燈篙旗幟為紅色黃邊，代表五行的火，旗上書有「玉皇上帝天神地祇列聖恩前叩許醮愿祚承」；主壇燈篙旗幟為黑色綠邊，代表五行的水，旗上書有「北極玄天上帝掃蕩妖氛醮功圓滿不昧神庥」；主普燈篙旗幟為綠色紅邊，代表五行的木，旗上書有「東極青宮大慈仁者太乙尋聲赴感救苦天尊」；三官首燈篙旗幟為銀色黑邊，代表五行的金，旗上無書寫文字，而是貼上12張太極金，稱為「天梯旗」；其餘兩側的主任委員與爐主燈篙，旗幟皆為黃色紅邊無書寫文字。

176　｜土城香｜鹿耳門媽香・五府千歲醮

在「揚旗」科儀中，會將各燈升至神明事先指定的高度，讓天地神祇能見燈旗，俯降塵寰於醮典中，故燈篙下也會安置守旗的紙糊「平安軍」。燈篙在醮典期間，既是神祇俯降塵寰之所在，信眾相信環遶於燈篙下，能有消災解厄之效，故有「鑽燈篙腳」之俗，常見信眾穿梭於燈篙下。

　　在「揚旗」科儀之後，道士團會將醮榜福章張貼於明顯之處，稱為「掛榜」或「示榜」。同時在鑑醮場處也會張貼「靈寶六師府」、「三界萬靈府」、「北極四聖府」、「金籙祈安清玄壇」、「勅封境主尊神」等曉諭榜文。

「揚旗」科儀，升起醮燈與醮旗（吳明勳攝）

鑑醮場處也會張貼曉諭榜文（吳明勳攝）

---

101 鳳尾，是指燈篙竹竿頂部的枝葉。
102「古達仔」之用主要是保護燈篙主體，讓民俗認知上的不潔之人與貓狗動物，不易誤觸到燈篙，達到避穢之功能。

內壇午供與外壇行香

　　五府千歲醮醮典舉行期間，每日午時內壇中都會進行獻供儀式，因是午時進行故稱為「午供」。此科儀中，道士團會收集會首與隨拜人員，身上所配帶的黃金、珠寶、玉佩等貴重寶物，再與香、花、燈、果、茶、酒、食等至善至美之物，透過道士演法儀式獻供於諸聖，上祈高真賜福消災。民間信仰裡，人們相信這些經過獻供後的「寶物」可帶來財運、福氣，故每逢午時都會見到會首們，爭相把身上或家中貴重珍寶，拿出來置於桶盤上獻供。

道士團進行外壇行香敬拜（吳明勳攝）

除了內壇的午供獻敬外，在三天的醮典裡，也會擇當中一日安排時間，由道士團領引五大會首與大爐主，前往主會首壇、主醮首壇、主壇首壇、主普首壇、三官首壇、爐主壇等六個外壇行香敬拜，讓會首與爐主的親朋們，還有各會首壇角頭人員，能夠一同焚香祈福。早期由於五主會壇與爐主壇分設於境內角頭中，都必須安排車子，供道士團與五大會首、大爐主乘坐，前往各外壇行香敬拜，這樣串街走巷下來，耗時將近3小時之久，民國113年（2024）甲辰科，改成外壇集中於廟旁後，大大縮短了行香敬拜時間。

燃放水燈

鹿耳門聖母廟香醮的普度，是安排在第二日的下午，故香醮第一日下午主要是進行「燃放水燈」儀式。放水燈地點是在舊廟地窟旁的鹿耳門溪畔，現場於古廟遺址紀念碑前，由道長領道眾進行「水燈度幽科」的演法，唱唸經文，將水燈內的蠟燭點燃，然後依序將水燈施放於鹿耳門溪水面，借道法讓水燈之微光如星遍河一般，照耀幽幽陰河，接引水中沉魂滯魄，再引魂回歸鑑醮場旁的普陀山前，將這些孤魂暫安棲於翰林所與男堂、女室中，以便參與明日的普度法會。同時亦會在主普的燈篙上，揚起普度的招魂幡，招請近境有靈無祀男女孤魂來臨法會，接受普施度濟。

道長領道眾進行「水燈度幽科」的演法（謝奇峰攝）

燃放水燈接引水中沉魂滯魄（吳明勳攝）

分燈晉於三清道祖座前（吳明勳攝）　　竹簾捲起變壇化境，如臨天闕（吳明勳攝）

▌分燈捲簾、鳴金戛玉

　　第一日醮典晚上，三清壇前中央掛起一掛軸，軸上書有一「闕」字，並以竹簾遮掩，內壇所要進行的是「分燈捲簾」科儀，此科儀可分為「分燈科儀」、「捲簾科儀」、「金鐘玉磬科儀」三個階段。

　　「分燈」儀式開始道士團陞壇宣奏後，由兩位道眾於壇外可見天處，點燃金紙再以火把取新火，並以米篩覆蓋請入醮場內，依序分光點燃三清壇儀桌上的三盞燈，並在「迴光神咒」、「惠光神咒」、「發光神咒」聲中，逐一晉燈分別送至玉清仙境清微天宮元始天尊座前、上清仙境禹餘天宮靈寶天尊座前、太清仙境太赤天宮道德天尊座前。三晉燈完成，道長與道眾手持點燃的火把，進行「分光散輝」，旋繞穿梭於醮場之中，象徵道教一生二、二生三、三生萬物哲理，也象徵重建宇宙喻意，借由明亮火光照耀十方，消滅災殃、永離苦暗。

續接於「分燈」之後的是「捲簾科儀」，又稱「捲簾觀帝」。儀式中，高功道長依序分別對玉清宮、上清宮、太清宮進行晉香，並分三次捲起三清壇前掛軸竹簾，當竹簾分三次捲起後，象徵著變壇化境，開啟天門，此刻道長即率領會首們，行觀朝之儀，願眾人命運亨通，五福先增而日壽。

　　最後階段的「金鐘玉磬科儀」，是透過宣讀〈辟非〉、〈禁壇〉、〈含陰〉、〈昌陽〉等4張牒文，與金鐘互奏、玉磬交鳴之聲，混合二氣、表陰著陽，上徹帝所，下通鬱絕之神鄉，召十方揚德之靈，集九地陰冥之宰，也就是集合天界與地界陰陽神靈，普臨法會，賜福消災，共證醮功。

分光散輝，光耀十方，永離苦暗（吳明勳攝）

三朝醮第二日醮儀

道場進茶

　　醮典第二日早晨，內壇玉爐添香，道場陞壇，展開新一日的醮儀法事，首先所進行的是「道場進茶」科儀，高功道長陞壇行道，淨壇、啟請天真聖眾臨壇，並依序向三清道祖晉香獻茶。首晉一炷「道德香」至玉清宮前，會首亦行「初進茶」之禮，惟願天尊降道場，庇佑國祚昌隆民安樂；再晉一炷「無為香」至上清宮前，會首行「再進茶」之禮，願此功德，助九玄七祖往世親緣，超離冥昧，延子孫之祿壽；三晉一炷「清淨香」至太清宮前，會首行「三進茶」之禮，祈願袪災禍於未萌，消愆尤於以往，禍沉九地，福起十方。

普度孤幽

　　大型醮典為使冥陽兩利，都會安排盛大的普度法會，來普施濟度四生六道男女有魂無祀之孤魂，鹿耳門聖母廟香醮自然也不例外。普度是在醮典第二日下午舉行，為招待這無形的好兄弟、好客人，一早土城十一角頭境眾與會首壇工作人員，就開始忙碌的張羅擺放普度供品，繁忙的景象讓整個普度場顯得十分熱鬧。

盛大的普度法會祈求冥陽兩利（陳奕樑攝）

普度開香（陳奕樑攝）

主普擲得聖杯普度圓滿（謝奇峰攝）　　　　化紙謝送普陀山觀音大士與諸神（陳奕樑攝）

　　普度開始，道長引領著道眾與五大會首、大爐主等，在普度場中依序進行巡筵開香獻酒，並於普陀山前進行「請神」科儀，恭請觀音大士諸聖臨壇坐鎮，維持普度法會秩序。接著高功道長與道眾登上普度壇進行普度科儀。高功道長登座戴上「五帝冠」，分次以香幡召請來十二類男女無祀孤魂滯魄，並透過主普首獻包香於普陀山方式，將孤魂引至普陀山旁的沐浴亭或男堂、女室中，讓孤魂們沐浴香湯與整理衣容再臨華筵，聽經聞法。

　　普度壇上高功道長宣經說道，並行「化食」道法，將塵景庶饈化作雲廚妙饌，人間香供變為天府珍餚，以一食化成無量食，拋灑祭品普濟孤魂，讓孤魂能夠餐飽，不再受飢餓之苦。由於民間信仰中亦認為，化食所拋下的食物，可以吃平安，於是普度壇下集滿了民眾爭搶孤食，現場歡笑聲不斷，也為普度法會增添不

少熱鬧氣氛。整個儀式在普度主祭主普首向聖問杯，得到聖杯，完成化紙、送孤，謝送普陀山觀音大士與諸神後，圓滿結束。

宿啟玄壇收禁命魔

臺灣南部靈寶派道壇於三朝以上的醮典，在第二日大都會安排「宿啟玄壇」科儀，鹿耳門聖母廟香醮也不例外，「宿啟玄壇」科儀十分繁重且冗長，可分為「啟告師聖」、「敕水禁壇」、「安鎮五方真文」、「疏呈九天」等階段。

「啟告師聖」科儀道士於三界壇前陞壇演法，步虛、淨壇後，先行「啟聖」科儀，恭請北極四聖，即北極天蓬都元師真君、北極天猷副元師真君、北極高天保德翊聖真君、北極鎮天真武佑聖真君（北極玄天上帝）及武當山得道神仙聖眾能夠蒞臨醮場主盟醮事，並恭讀疏文福章啟奏醮旨，上呈「啟聖疏」，完成「啟聖」科儀。接著再度於三界壇前陞壇演法，行「啟師」科儀，啟請靈寶六師，即三天大法師（張天師）、無上靈寶經師、太上靈寶籍師、玄上靈寶度師、上古鑒齋大法師以及龍虎山得道神仙聖眾，能夠蒞臨醮場主維大教，並恭讀疏文福章啟奏醮旨，上呈「啟師疏」，完成「啟師」科儀。

晚餐後，內壇續行「宿啟玄壇」科儀，法事來到精彩的「敕水禁壇」階段。高功道長持劍於內壇五方步罡、書符、噀水、畫地為界潔淨醮壇，此刻道眾一人跪讀〈破穢牒文〉，召請破穢大

鬼祟逗趣的「命魔」，欲奪象徵醮果的 　　道長變身為張天師，持劍進入內壇中除魔
淨爐（陳奕樑攝）　　　　　　　　　　 （謝奇峰攝）

　　將軍前來蕩穢，隨後將一顆燒紅的秤錘，放入一個裝有醋的盆碗中，盆碗瞬間竄起陣陣白煙，所有會首與隨拜人員，依序前去吸取這陣陣白煙，藉此除去心中穢氣達身心潔淨。

　　隨著內壇後場音樂氛圍的改變，內壇中出現了一位頭戴鬼面具，身穿虎紋衣，由道眾扮演的「命魔」，欲奪象徵醮果的「淨爐」，其以鬼祟逗趣的身段，在醮場中到處尋找「淨爐」，最後於三界壇儀桌處尋得，待命魔高興的要將「淨爐」帶走時，由高功道長變身為張天師，持劍進入內壇中除魔，在與命魔展開數回合的纏鬥，命魔終究不敵，被收禁於艮位米斗之中。

　　完成禁壇收魔後，高功道長領道眾再度陞壇進行「宿啟科儀」，朝禮十方天尊，並「安鎮五方真文」維護境域，最後演法呈奏「九天應元府疏文」後，謝師、謝聖，圓滿結束整個「宿啟玄壇」科儀。

謝神賽願拜天公（謝奇峰攝）

　　醮典第二日晚，鹿耳門香醮也會於鑑醮場門前，謹具香花、果品、山珍海味、五牲酒儀及金香炮燭等，安排了「拜天公」儀式，由道長領道眾、會首、大爐主、香醮會幹部等，以虔誠之心，謝神賽願敬拜上蒼。

三朝醮第三日醮儀

登棚拜表

醮典第三日王府早朝參謁畢，內壇重鳴法鼓進行了「重白科儀」，重新啟請至尊聖眾，進茶獻香再宣建醮意文，恭迎聖真降臨，陞登寶座，賜福消災，接著前往鑑醮場外進行「登棚拜表」科儀。

此刻廟埕上的歌仔戲戲臺，在道士團佈置下成了「玉皇天宮壇」，戲臺上五方貼上符令安鎮後，整個臺上空間也成為天宮聖境，而原本安奉於王府衙門內的朱衣公、金甲神、康元帥、趙元帥、高元帥、溫元帥等紙糊官將，也被移至臺前排班於兩旁護衛壇界。由於登棚拜表目的在於上呈〈玉皇硃表〉，將醮主啟建醮典之功果上報蒼天，以祈天降福祿，所以儀式現場供桌上擺放著許多拜天公的供品。

「登棚拜表」儀式先於臺下儀桌進行，高功道長領道眾在步虛、淨壇，啟請師聖尊與官將，並行三獻酌禮與宣讀建醮福章後，展開模擬上飄昇天的演法。高功道長與道眾們身上都貼起了神符以護身，接著腳穿木履，[103]手持黑傘遮天，口唸罡咒，腳踏

---

103 高功道長因所穿朝靴本是木作，已離地三寸，故不需換穿木履、其餘道眾則須穿上木履。

罡步,象徵「頭不見天,腳不踏地,飛烏躡雲端」,在聖樂與鞭炮聲中,依序登上高臺,跨過臺上淨香爐,進入了天宮聖境。在道長與道眾登棚後,五主會、大爐主與所有隨拜人員,也分批登上高臺焚香行三跪九叩之禮,禮畢隨即下壇回歸原位,接著道士團再於臺上續行科儀。

高功道長整肅服儀,行三跪九叩禮朝拜金闕,領道眾跪伏帝前,伏唸懺悔文與建醮福章疏,接著進行呈表演法,舞劍、噀水潔淨壇界,召喚四靈前來護衛,此時主會首再度登臺,向表官與表馬行三奠酒,隨後道眾一人宣讀完關文完畢,高功道長隨即遣將呈表,最後返回臺下,謝師、謝聖、謝壇,燒化表文圓滿整個「登棚拜表」科儀。

上呈〈玉皇硃表〉,將醮主啟建醮典之功果上報蒼天(陳奕樑攝)

頭不見天，腳不踏地，飛烏躡雲端（陳奕樑攝）

通誠正醮

「通誠正醮」即是醮典圓滿，叩謝神恩，恭送三界十方聖眾的科儀，也是內壇最後的醮儀。此刻醮場內三界壇與三清壇之間，高懸起一黑色布橋，布橋兩貼有「天官賜福」紙，象徵著聖真神祇所行之御道。儀式先於三清壇前來進行，道士團步虛、淨壇後，引領五大主會等焚香啟請，讚詠三清上聖、十極高真、三界四府列聖，並感謝諸聖真蒞壇證盟醮功，此時的請神順序與先前不同，是從神格低階者請至高階者。

三清壇前啟請上香完畢，全體轉至三界壇前續行科儀，高功道長領眾人伏跪三界壇前迎請神尊，同樣依循從神格低階請至高階，並再度宣唸建醮福章，將醮主、信眾等啟建醮事有功者一一唱名上報上蒼，祈求上天降福賜平安，同時有兩名道眾，分別手持「十分肅靜天尊」與「命魔赦穢天尊」的肅清旗，於醮場內不斷旋繞，肅清壇界與除穢。

　　儀式最後，高功道長於三清壇前，再奏醮典圓滿事宜，並由主會首於聖前擲杯來請神示，看醮典是否圓滿成功，得聖杯後再接續科儀，高功道長依序收撤宿啟時所安鎮之五方真文，最後送神謝壇，圓滿內壇所有醮典科儀。

兩名道眾手持肅清旗肅清壇界與除穢（陳奕樑攝）

和瘟與逐瘟

　　土城香醮中的五府千歲醮，也就是「禳災祈安醮」，俗稱「王醮」，與常見的祈安醮典最大的不同，就是王醮多了「關祝五雷神燈」、「和瘟淨醮」、「打船醮」等，禳災逐瘟相關科儀，其中「關祝五雷神燈」與「和瘟淨醮」，是在王府內所進行的科儀，而「打船醮」則在王船前來進行。第三日醮傍晚，王府內代天巡狩千歲爺案前擺設起儀桌，儀桌上置放供品與一座「五雷神燈」，高功道長引領著道眾與會首等進入王府，於儀桌處首先進行了「關祝五雷神燈」科儀，啟請神霄宮雷部諸神、五方雷王來降臨壇界，並進行告符，依序宣讀東、南、西、北、中五張的五方「玉清鎮禳災運符命」，將其焚化於水桶之中，以祝燈功德上祈五行有序，災瘟殄滅。再來續接「和瘟淨醮」，啟請和瘟教主匡阜真人，與各路行瘟大王、行瘟使者，降臨壇前行酌獻之禮，並誦「太上靈寶天尊說禳災度厄妙經」，以禮虔誠設拜奉送，望諸聖真將境域中所有瘟毒疫氣，咸令收拾，以祈家門肅靜、人物安寧。

　　於「關祝五雷神燈」時，裝有五方「玉清鎮禳災運符命」燃燒灰燼的水桶，其象徵著五方瘟災疫氣收於內的瘟桶或稱五毒桶，在王府內醮儀進行完成後，道長會以紅布密封，並貼「上清天赦符命」鎮之，送至鹿耳門聖母廟王船之前，接著於王船前來進行「打船醮」科儀。

「打船醮」或稱「拍船醮」，是「靈寶禳災祭送仙舟酌獻科儀」的俗稱，通常由道士一人身著海青、頭綁紅布、腳穿草鞋，於王船前來進行演法。儀式中，道士啟請和瘟教主匡阜真人、各行瘟大王與行瘟使者等，瘟部諸聖眾，降臨壇前行三獻之儀，每次獻酒之時，道士皆手持酒杯將酒灑向王船，唱起「送船歌」，並做出車起大帆、起了大錠等水手動作，三獻每次所唱的「送船歌」內容雖不同，但所做水手動作是一致的，所唱的「送船歌」歌詞，每段都表示了祈望瘟部諸神，能夠接納眾信酒醴酌獻，願意來離開境域，莫在禍害人間之意。

「關祝五雷神燈」科儀於王府內進行（謝奇峰攝）

「玉清鎮禳災運符命」，焚化於水桶之中（陳奕樑攝）

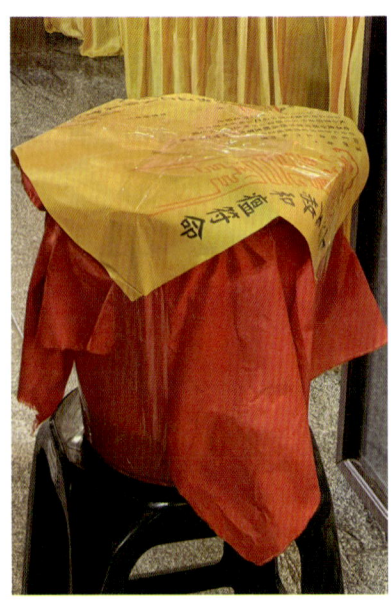

瘟桶密封以「上清天赦符命」鎮之（謝奇峰攝）

打船醮是由道士一人身著海青、頭綁紅布、腳穿草鞋，於王船前來進行演法（陳奕樑攝）

　　雖然鹿耳門聖母廟的醮典並無燒王船，但道士亦於「祭船三獻」後，也在王船旁進行「唱班點將」並為王船開水路。最後由五府千歲降駕於手轎，將「瘟桶」押送至水邊，[104]在眾會首的焚香祭拜後，扔入水中或焚送，象徵將所有瘟神疫鬼送離境域，香境得保安寧。

104「瘟桶」以送至荒郊水邊為主，如曾送至「舊廟地堀仔」旁的鹿門溪、土城海邊、四草大橋……等處。

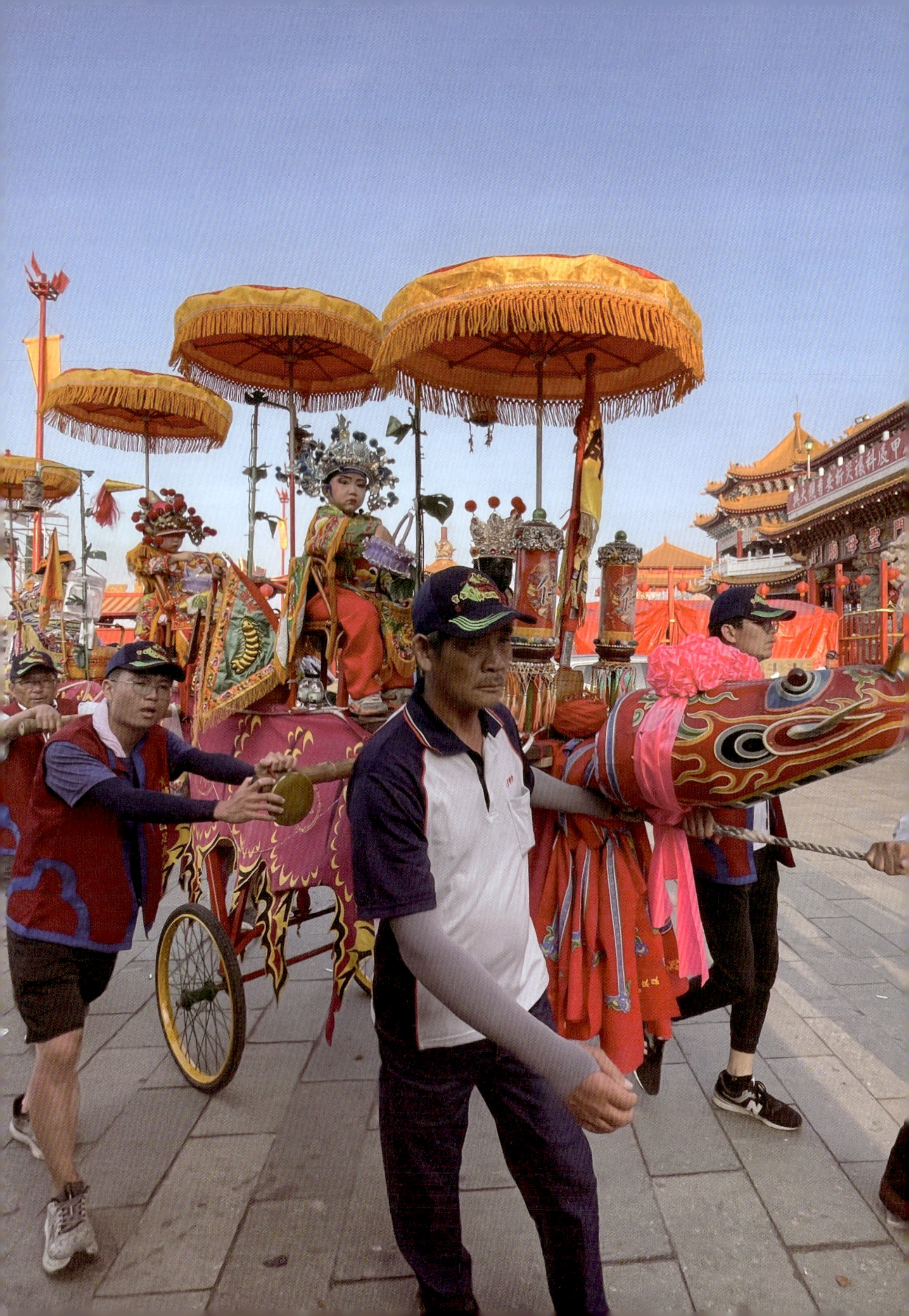

伍

土城仔香的民俗特色

臺南是臺灣民間信仰活動最多彩多姿的地方之一，在眾多的民俗活動中，正統鹿耳門聖母廟的土城香與西港慶安宮的西港香、麻豆代天府的麻豆香、佳里金唐殿的蕭壠香、學甲慈濟宮的學甲香等，以遶境規模盛大，傳統陣頭傳承保存完善著名，有著臺南五大香的美譽。

　　日治時期，西港慶安宮至鹿耳門聖母廟（時稱保安宮）恭請「鹿耳門媽」起，土城便是西港香的重要成員之一，「鹿耳門媽香」於焉形成。民國47年（1958）鹿耳門聖母廟因北港媽事件退出西港香，並於民國50年（1961）自辦起「土城香」至今也超過一甲子歲月，在這期間「土城香」自然也有演變發展出自己的香科文化，綜觀「土城香」其內容及過程有著幾項重要特色：

請佛的神與神間情誼故事

　　土城香醮要開始之前，鹿耳門聖母廟都會前往各友宮，恭請神尊前來鑑醮參與盛會，這當中包括著有「寄佛」與「寄普」情誼的水仙宮、海安宮；王船同源脈絡的七股龍山宮金府三千歲、青鯤鯓朝天宮代巡七王、澎湖海靈殿蘇府王爺；戰後，出巡大媽從役場返回聖母廟時，以符令化水讓媽祖清洗容顏的海尾朝皇宮保生大帝。這樣的請佛活動，不只可看熱鬧體驗民俗，也有讓人津津樂道神與神間的故事。

土城香往海安宮請佛,吉勝堂八家將參禮拜廟(吳明勳攝)

走出自己的鹿耳門媽香路

在鹿耳門鄰近的臺江內海舊區域,有別於其它香醮的「香」[105]大都是以代天巡狩千歲爺擔任主帥,而土城香醮的「香」則是由鹿耳門媽擔任主帥,故稱「鹿耳門媽香」。

鹿門媽出巡可說是自日治時期西港慶安宮前來土城迎請鹿門媽後就開始,當時鹿門媽出巡的路徑,自然是西港香香路。民國47年(1958)鹿耳門聖母廟與西港香斷香後,民國48年(1959)起連續3年,鹿耳門聖母廟自辦起鹿門媽出巡遶境,開始走出自己

---

[105] 臺南地區香醮的「香」,通常是指出巡遶境活動。

鹿耳門媽香香路重要演變時間表

年份	香路變化
民國48年（1959）	自辦起媽祖出巡遶境，香路以安南區、土城為主。
民國50年（1961）	首科土城香。
民國53年（1964）	土城香於第一日香時，跨越過鹽水溪來到臺南市區的篆內、糖宮內、金安宮、水仙宮、海安宮等處。※只有此科
民國68年（1979）	因政治因素的影響，香路不在遶巡土城以外的安南區，首次進入曾文溪北岸，出巡龍山村、七股、玉成、三股、十份、永吉等地。
民國77年（1988）民國80年（1991）	香路北至青鯤鯓、西寮處，後因蜈蚣陣步行太遠，所費時間太長，兩科後即停止不再前往。
民國92年（2003）	鹿耳母聖母廟與海尾朝皇宮重修舊好，香路再度重回安南區的四草、海尾、本淵寮、十二佃等地。

的鹿門媽香香路，當時主要巡境地區是以曾文溪南岸的安南區部份聚落區域與土城為主，隨著時間的推進與種種人事物的影響，土城香的「鹿耳門媽祖香」香路與香境，也產生了許多變化，但在歷任香醮會的努力之下，時至今日，鹿耳門媽香香境跨越了曾文溪南北兩岸的安南區和七股區，成為臺灣盛大著名的遶境活動。

臺江內海獨特的王醮模式

鹿耳門聖母廟香醮的醮典儀式，是廟中五府千歲榮任代天巡狩之職，故稱「五府千歲醮」，醮典期間祭祀王船而不送王船，在這三天緊湊的香醮活動中，也自成了許多獨特王醮模式。

（一）在同屬臺江內海舊區域，定期啟建王醮的廟宇中，無論是西港慶安宮、佳里金唐殿、蘇厝長興宮、蘇厝第一代天府真護宮，其請王大典時所迎請的代天巡狩皆為十二瘟王，並塑造紙糊神像與王令來祭祀，唯鹿耳門聖母廟除不塑紙糊神像與王令，所迎請的代天巡狩亦別於其它廟宇，是自廟的李、池、吳、范、朱五府千歲，同時還會恭請當初一同隨王船而來的天上聖母、金府三千歲、代巡七王，與曾經拾獲王船再放流的澎湖海靈殿主神蘇府王爺等，前來參與聖典。

王府行，儀書辦排班掛、收牌（吳明勳攝）

(二) 鹿耳門聖母廟王醮中的王府行儀，在首科香醮時是接受西港王府的王李家族指導，所以是以西港慶安宮的王府行儀為本，但在細節上也發展出屬於自己的特色，如掛牌行事時，王府內班人員會於儀門前左右排班進行「掛」、「收」行事牌，且早、午、晚朝時每次都會掛、收「放告牌」，此種方式只見於鹿耳門聖母廟與蘇厝第一代天府真護宮。再者，由於土城香醮並不像蘇厝長興宮設有巡按官，西港慶安宮與佳里金唐殿設有旗牌官，蘇厝第一代天府真護宮設有轅門官，故在王府行儀時所用的行事牌，也簡化成只有「投文牌」、「放告牌」、「參謁牌」三塊。

（三）在臺江內海舊區域中定期的王醮儀式中，除了蘇厝兩間廟宇沒有啟建火醮送火王外，鹿耳門聖母廟、西港慶安宮、佳里金唐殿都有火醮送火王儀式，這當中因鹿耳門聖母廟於送火王後，會續接「焚油逐穢」與「請王大典」，故要參與淨油與請王儀式的陣頭和信眾，也會提前前來參與送火王，這也使得鹿耳門聖母廟的送火王儀式顯得十分盛大熱鬧。

（四）鹿耳門聖母廟的五府千歲醮，雖是禳災祈安王醮，但從同屬於臺江內海舊區域的西港、佳里、蘇厝等地王醮比較來看，鹿耳門聖母廟的王醮，同樣俱備王府行儀與醮典儀式，唯因沒有造王船與送王船的儀式，這樣獨特少見的祭祀船不送王船的王醮特點，往往被人忽略將其視為祈安清醮。同樣的鹿耳門聖母廟因為不送王船，所以在和瘟科儀之後對於瘟桶的處理，也並不像有燒王船的廟宇那樣，將瘟桶置於王船上由代天巡狩乘王船押送離境，而是由代天巡狩五府千歲降駕於手轎上，來押至荒郊水邊送出境外。如從醮典式內容而來論，儀式最後的打船醮、開水路等，亦可視為象徵代天巡狩以無形之王船模式，將瘟桶押送出海。

多文化特色登錄市定民俗

土城香在土城人的共同努力保存傳承下，土城香於民國102年（2013）被臺南市文化局文化資產管理處，以「鹿耳門聖母廟土城仔香」之名登錄為市定民俗，其登錄理由有下列5項：

①　與往昔移民及信仰發展史有密切關聯性，原為西港刈香之一員，後斷香自行刈香，從民國50年迄今未曾間斷，深具傳統性。

②　香陣和儀程大抵是西港刈香的翻版，60多年來自行刈香已完全在地化，具有強烈民俗特色，為曾文溪南北兩岸出海口之大廟會。

③　三年一科，具傳統信仰之特色。結合地方發展，由王爺、媽祖信仰發展而出，以王醮為主，具歷史意義與地方特色。

④　武陣有6陣和蜈蚣陣，形成在地特色，具有文化性和藝術性，足與其他四香科媲美，已屬成熟之信仰活動。

⑤　活動內容整合多個村落相關民俗團體，共同營造頗具豐富性，屬有歷史、有特殊性的民俗活動。結合

地方信仰與陣頭,形成龐大壯觀的香科,有凝聚地方功能,具示範作用。[106]

甲辰科・土城香・
精華影音

影音拍攝製作:臺灣真美公關行銷

土城香精華

土城香YT播放清單

---

106 資料來源,臺南市政府文化資產管理局網站,2024年7月7日檢索。

參考書目及網站

專書

郭清林主編（1978），鹿耳門史蹟研究促進委員會，《鹿耳門寄普附三郊開鑿溪筏港》。

劉采妮主編（2013），《臺南土城正統鹿耳門聖母廟廟誌》，正統鹿耳門聖母廟。

許淑娟（1999），〈第九章安南區〉收錄於施添福編纂，《臺灣地名辭書卷廿一：臺南市》，國史館臺灣文獻館出版。

周宗楊、吳明勳（2016），《鹿耳門聖母廟土城仔香》，臺南市政府文化局文創科。

黃明雅（2009），《南瀛大地主誌〈北門區卷〉》，臺南縣政府出版。

期刊

李文良（2019），〈積泥成埔：清代臺江內海「港口濕地」的築塭與認墾〉，《臺灣史研究》，第26卷第3期。

黃名宏（2016），〈鼓聲若響——西港刈香的宋江系統武陣〉，《臺南文獻》，第10輯，臺南市文化局。

吳明勳（2023），〈禳熒祈安——臺南火醮與送火王習俗初探〉，《臺南文獻》，第23輯，臺南市文化局。

論文

黃懷賢（2012），〈臺灣傳統商業團體臺南三郊的轉變（1760～1940）〉，國立政治大學臺灣史研究所碩士論文。

陳素雯（2005），〈臺江內海浮覆地社會經濟變遷之研究——以臺南市安南區為例〉，國立臺南大學臺灣文化研究所碩士論文。

呂瑞祥（2010），〈鹿耳門溪沿岸地方開發的歷史變遷〉，國立臺南大學臺灣文化研究所碩士論文。

黃怡菁（2012），〈臺南市西港區曾文溪河道擺移對聚落發展的影響〉，國立高雄師範大學地理學系碩士論文。

王懷緗（2021），〈空間的記憶重現──臺江之疊更迭暨人文研究〉，國立臺南大學臺灣文化研究所碩士論文。

陸昕慈（2021），〈「古鹿耳門媽祖宮」至「正統鹿耳門聖母廟」媽祖信仰脈絡研究〉，國立臺南大學文化與自然資源學系臺灣文化碩士論文。

黃名宏（2009），〈吟歌演武誓成師──西港仔香境傳統陣頭的宗教性格〉，臺南大學臺灣文化研究所碩士論文。

成果報告

國立嘉義大學應用歷史學系（2021），〈臺江國家公園歷史水道及其相關設施探查計畫成果報告書〉，臺江國家公園管理處委託辦理報告。

〈臺江文化保存及創新應用（1/3）──臺江地區曾文溪以南古今地名源流暨古地圖調查成果報告書〉（2017），臺江國家公園管理處委託辦理。

網站

臺南市政府文化資產管理局網站

國家圖書館出版品預行編目（CIP）資料

正統鹿耳門聖母廟土城香：鹿耳門媽香．五府千歲醮／謝奇峰，吳明勳著．-- 初版．-- 臺中市：晨星出版有限公司，2024.10
　　面；　　公分．--（正統鹿耳門聖母廟文化叢書；2）
ISBN 978-626-320-928-2（平裝）

1.CST: 媽祖 2.CST: 民間信仰 3.CST: 民俗活動 4.CST: 臺南市安南區

272.71　　　　　　　　　　　　　　　　　113011938

線上讀者回函，
加入馬上有好康。

正統鹿耳門聖母廟文化叢書02
正統鹿耳門聖母廟土城香：鹿耳門媽香・五府千歲醮

作　　　　者	謝奇峰、吳明勳
圖　　　　片	未註明引用者皆作者提供
主　　　　編	徐惠雅
執 行 主 編	胡文青
特 約 編 輯	曾一鋒
校　　　　對	謝奇峰、吳明勳、曾一鋒、胡文青
美 術 編 輯	柳惠芬、李岱玲
封 面 設 計	張芷瑄

創 辦 人	陳銘民
發 行 所	晨星出版有限公司 臺中市407工業區30路1號 TEL：04-23595820　FAX：04-23597123 http://star.morningstar.com.tw 行政院新聞局局版臺業字第2500號
法 律 顧 問	陳思成律師
初　　　　版	西元2024年10月30日
讀 者 專 線	TEL：(02)23672044／(04)23595819#230 FAX：(02)23635741／(04)23595493 service@morningstar.com.tw
網 路 書 店	http://www.morningstar.com.tw
郵 政 劃 撥	15060393（知己圖書股份有限公司）
印　　　　刷	上好印刷股份有限公司

定價390元
（如有缺頁或破損，請寄回更換）
ISBN：978-626-320-928-2

Published by Morning Star Publishing Inc.
Printed in Taiwan
版權所有　・　翻印必究

本書獲　文化部文化資產局　創作出版補助